"中国STEM教育20.

王 素 主编 / 李 佳 袁 野 副主编

STEM
课程设计与实施

黄志红 / 主　编

周　嘉　辛海洋 / 副主编

教育科学出版社
·北京·

出 版 人　郑豪杰
项目统筹　殷　欢
责任编辑　张　璞
版式设计　徐丛巍　杨玲玲
责任校对　张晓雯
责任印制　叶小峰

图书在版编目（CIP）数据

STEM课程设计与实施 / 黄志红主编. —北京：教
育科学出版社，2023.5（2023.12重印）
（"中国STEM教育2029行动计划"丛书 / 王素主编）
ISBN 978-7-5191-3472-3

Ⅰ. ①S… Ⅱ. ①黄… Ⅲ. ①科学知识—课程设计—
教学研究—中小学　Ⅳ. ①G633.72

中国国家版本馆CIP数据核字（2023）第062068号

"中国STEM教育2029行动计划"丛书
STEM课程设计与实施
STEM KECHENG SHEJI YU SHISHI

出 版 发 行	教育科学出版社			
社　　　址	北京·朝阳区安慧北里安园甲9号	邮　　编	100101	
总编室电话	010-64981290	编辑部电话	010-64989234	
出版部电话	010-64989487	市场部电话	010-64989009	
传　　　真	010-64891796	网　　址	http://www.esph.com.cn	
经　　　销	各地新华书店			
制　　　作	北京京久科创文化有限公司			
印　　　刷	天津市光明印务有限公司			
开　　　本	720毫米×1020毫米　1/16	版　　次	2023年5月第1版	
印　　　张	18	印　　次	2023年12月第2次印刷	
字　　　数	236千	定　　价	59.00元	

丛书编委会

主　任：王　素

副主编：李　佳　袁　野

编　委（以姓氏拼音排序）：

本书编委会

主　编：黄志红

副主编：周　嘉　辛海洋

编　委（以姓氏拼音排序）：

陈　琛　廖　文　罗东才　牟博宸　沈　璐

肖小亮　姚毅锋　余　丽　张清泉　郑敏祥

丛书序一

我国改革开放以来的发展经验表明，人才，尤其是科技人才是国家实现从富起来到强起来伟大飞跃的重要资源。党和国家领导人历来对人才工作高度重视，从邓小平同志提出"尊重知识，尊重人才"，到习近平总书记提出"人才是第一资源"，无不体现了这一点。现今，在我国迈向第二个百年奋斗目标的新征程上，科技人才的重要作用更加凸显。一方面，在后疫情时代全球经济增长放缓、"贸易战"频发、大国力量对比变化等影响下，"技术脱钩""教育脱钩"等正成为阻碍全球发展的重要因素，国际环境日趋复杂；另一方面，新一轮科技革命和产业革命的加速拓展使得全球创新版图正在重构，抢占科技制高点的竞争将更加激烈。

在这样的背景下，科技人才自主培养就成为我国建设现代化强国的重要保障，也赋予教育新的重要时代使命。在过去，我们的教育虽不及发达国家，但可以充分利用"超级全球化"的红利和机会，通过广泛的教育与科研国际合作交流弥补我们在科技人才培育上的不足；但是在当今全球化受阻、"逆全球化"势力抬头的背景下，原来的科技领域国际合作交流路径障碍重重，所以必须对教育发展作出新的调整与规划，"提高人才供给自主可控能力"。正如习近平总书记《在中国科学院第二十次院士大会、中国工程院第十五次院士大会、中国科协第十次全国代表大会上的讲话》中所指出的："培养创新型人才是国家、民族长远发展的大计。当今世界的竞争说到底是人才竞争、教育竞争。要更加重视人才自主培养，更加重视科学精神、创新能力、批判性思维的培养培育。"①

---

① 习近平. 在中国科学院第二十次院士大会、中国工程院第十五次院士大会、中国科协第十次全国代表大会上的讲话 [EB/OL].（2021-05-28）[2022-10-08]. http://www.gov.cn/xinwen/2021/05/28/content_5613746.htm.

虽然高等教育直接关系到科技人才，特别是创新科技人才的培养，但是中小学教育阶段所发挥的奠基性作用也不容忽视。国内外研究均表明，许多大科学家对科学的终身兴趣始于童年，所以从小保护好学生的科学兴趣并且让其一直持续下去就非常重要。另外，科学精神、科学思维等是成长为科学家的必备素养，而这些素养需要从小培育。相比于西方发达国家，我们目前的科学教育体系还存在着不少问题，这也是目前我国面临技术"卡脖子"难题的重要根由。在这里，我愿意结合我自己的学习与工作经历，就中小学阶段的科技人才培养谈几个需要关注的问题。

第一，如何进一步提高理科教育在中小学的地位。在过去，我们有"学好数理化，走遍全天下"的口号，影响了一批又一批的高中生在高中文理分科时选择理科，在高考志愿填报时选择理工类专业。近些年来，在取消文理分科后，不少学生在选择高考科目时避难就易，再加上缺少必要的指导，使得物理、化学、生物学等科目的受重视度不够。而从国际发展经验和相关研究来看，科学领域的人才培养需要从青少年时期抓起，这已经成为国际共识。以美国为例，美国在科学和工程教育上处于世界领先地位，而美国2022年发布的《学前至小学阶段的科学与工程：儿童聪慧与教育者优势》强调指出：应该从学前阶段就开始进行科学和工程教育，包括重视学习环境建设、注重学科整合、加强课程资源和教师队伍建设等。①

第二，如何改革理科课程、教学与评价体系，以更好地培养中小学生的科学兴趣与科学思维。经过改革开放几十年以来的发展，我国的中小学教育已经解决了"有学上"的普遍需求，随着社会主要矛盾转化为"人民日益增长的美好生活需要和不平衡不充分的发展之间的矛盾"，人们对教育的需求也开始向"上好学"转变。教育的"内卷"成为一种突出的社会现象，中小学理科教育的应试

---

① National Academies of Sciences, Engineering, and Medicine. Science and Engineering in Preschool Through Elementary Grades: The Brilliance of Children and the Strengths of Educators[M/OL]. Washington, D.C.: The National Academies Press，2022[2022-10-08]. https://doi.org/10.17226/26215.

化现象仍然没有得到有效解决。中国科学院2021年针对220多位院士的调研结果显示，79.1%的院士认为基础教育阶段的过度"刷题"磨灭了学生的好奇心与科学兴趣。[①]解决这一问题，需要科学的制度设计，其中，课程、教学与评价体系的改革既是关键，也是基础。

第三，如何开发和利用好校外科学教育学习资源。课外的科学学习资源对于扩大学生视野、激发学习热情具有重要的价值。我在上中小学的时候，科学方面的课外图书资源相当有限，还是高中时读到的《化石》杂志激起了我对古生物学的兴趣。通过课外阅读，我开始了最初关于生物进化的思考，并在高考时选择了古生物学专业，最终走上古鸟类研究之路，推究原因，也正是源于青少年时期这段启蒙经历。现在的课外学习资源除了纸质的书籍外，还有各种各样的电子资源，比我们那时丰富了不少，所以要有效利用起来。国外在这方面已经形成了一些成熟的做法。例如，美国课后联盟（The Afterschool Alliance）发布的报告显示：2020年，73%的家长反映他们的孩子课外学习项目中有STEM学习的内容，60%的家长反映他们的孩子每周至少参与两次STEM活动[②]；57%的社区图书馆会为学龄前儿童提供STEM课程，87%的图书馆会为小学生提供STEM课程等[③]。站在新的历史起点，参考他山之石，我们在推进中小学科学教育方面，更要充分利用现有资源，加快探索步伐。

上述这些问题的解决不可能一蹴而就，可以在有条件的地区通过实验性的实践来进行探索，这既需要理论研究为之廓清方向，更需要有效的实践操作指导以及相应的案例分享。中国教育科学研究院王素研究员集多年研究主编的这

---

① "我国数理化基础学科教育若干重大问题研究"课题组 . 我国数理化基础学科教育若干重大问题研究（咨询报告）[R].北京：中国科学院，2021.

② The Afterschool Alliance. STEM Learning in Afterschool on the Rise, But Barriers and Inequities Exist[R/OL].(2021−08)[2022−10−08]. http://afterschoolalliance.org/documents/AA3PM/AA3PM-STEM-Report-2021.pdf.

③ The Afterschool Alliance. Community STEM Collaborations that Support Children and Families[R/OL].(2020)[2022−10−08]. http://afterschoolalliance.org/documents/Community-STEM-Collaborations-that-Support-Children-Families.pdf.

套"中国STEM教育2029行动计划"丛书涉及科学教育的课程设置、教学设计、学生评价、教师专业发展、优秀案例呈现等方方面面,相信会对相关的改革实践提供有价值的参考,并发挥积极作用。

中国科学院院士

教科版小学《科学》教材主编

丛书序二

我们正处在一个大变革的时代，科技革命日新月异，全球格局正在重塑，大国博弈日趋激烈。国际竞争的根本在于人才的竞争，特别是高科技人才的竞争，因此很多国家把科学、技术与工程教育置于国家的战略地位，认为STEM教育与科技人才的培养关乎国家安全和人才竞争。我国要在2035年基本实现社会主义现代化，进入创新型国家前列，实现建成人才强国的战略目标，加快建设世界重要人才中心和创新高地，其中，STEM教育对于我国培养科技人才、提升青少年的科技素养具有重要意义。

中国教育科学研究院于2017年成立了STEM教育研究中心，并发布了《中国STEM教育白皮书》，提出了"中国STEM教育2029行动计划"。该计划提出，中国的STEM教育要有顶层设计，要实现大中小学的贯通培养，要利用社会资源建立STEM教育生态，发展一批STEM领航学校和种子学校，培养一批STEM种子教师，并开展系列的促进STEM教育发展的活动。几年来，我们努力发挥科研的引领作用，通过建立STEM教育协同创新中心、召开STEM教育发展大会、开展相关课题研究等推动中国中小学STEM教育的发展，并取得了一定的成效。同时，在对中国STEM教育的调研中我们发现，大部分学校和教师对STEM教育有一定的认识，但是缺乏系统的知识和有效开展STEM教育的方法。因此，我们在2020年组织STEM教育领域的相关专家进行了一系列研讨，希望给教师提供一套完整的、实用的STEM教育案头书，书中既有相关理论的阐述，又有可操作的案例，由此诞生了"中国STEM教育2029行动计划"丛书。

丛书共12本，包括《数字化转型中的STEM教育》《STEM课程设计与实施》《STEM学科教学：链接与赋能》《STEM教师的跨学科成长》《STEM教学设计与评价》《STEM活动与竞赛》《未来学校设计：STEM空间营造》《STEM与工程思维》《STEM与设计思维》《STEM与计算思维》《STEM与创新思维》

和《STEM与人工智能》。

《数字化转型中的STEM教育》重点梳理了STEM教育的相关理论以及在数字化转型的大背景下STEM教育的基本特征。书中提出，STEM教育更关注学生跨学科整合能力和问题解决能力的培养，而数字化转型对学生提出的能力要求中，跨学科知识、认知和元认知技能、创造新价值、协调矛盾和应对困境等方面都与STEM教育的目标相符。STEM教育将成为支撑数字化转型的重要方式之一。书中对STEM教育的跨学科性、情境化、实践性、素养导向性、智能化和创新性的阐述对落实新课标提出的学科实践、跨学科整合都具有参考价值。

学校教师非常关注如何在学校现有的课程体系下设计和开展STEM教育。我们认为STEM不是一门课程，而是一个课程群，涵盖的内容非常广泛，在学校的实施形式也是多样化的，包括学科教学、跨学科项目、活动、竞赛等。针对当前教师面临的主要挑战，我们组织了6本书来系统地阐述如何进行STEM课程设计与实施。

其中，《STEM课程设计与实施》一书阐述了STEM课程建设的本质、模式与特征。这本书提出，STEM课程的设计与开发首先须遵循课程开发的基本规范，聚焦课程的定位、课程的价值取向、课程的构建、课程的目标、课程的实施与课程的评价等六方面。其次，STEM课程是体现跨学科融合的综合课程。最后，STEM课程是项目式课程。和所有的项目式课程一样，它在设计开发与实施时是以真实项目为驱动的。这种界定对于学校建设STEM课程非常有价值。书中还对STEM课程目标设计、内容开发、内容来源与转化、实施路径及评价都进行了系统的论述，并给出了不同类型的STEM课程案例供读者参阅。

STEM分为广义和狭义之说，其本质是跨学科教育，但在当前学科教学占据绝大部分时间的情况下，如何在学校开展STEM教育？我们从学科教学、跨学科教学、活动与竞赛等不同的STEM教育形态出发向教师们展示如何开展STEM教育。

《STEM学科教学》这本书有个副标题：链接与赋能，表明了本书作者对STEM与学科教学关系的认识。在作者看来，当下随着新课标的发布，课程改革已经进入了以"提质增效"为特征的深化阶段，学科教学还可以在关注学生的问题解决能力、跨领域合作交往能力以及学习活动设计与实施的有效性、学科之间的有机整合、信息技术与学科学习的深度融合等方面进行改进。这其中就体现了STEM教育对学科教学的赋能。STEM教育的跨学科性、项目式的学习方式，强调在真实世界中创造性地解决问题的能力，不正是新课标期待学科教学完成的目标吗？如何实现这种赋能呢？这就是链接的作用。欢迎读者进一步阅读这本书，挖掘更多学科教学与STEM教育的关系。

STEM教育最典型的特征就是跨学科融合，这也是新课标所强调的。很多老师对跨学科教学感到陌生，不知道如何应对，所以我们专门写了一本《STEM教师的跨学科成长》。这本书以活泼新颖的视角阐释了跨学科的演变过程，并从学识、思维、视角、技能四个方面给出了教师的跨学科成长路径。读完这本书，相信你会深受启发，积极走上跨学科成长之路。

STEM教学如何设计与评价？我们也专门用一本书来进行阐述。新课标强调素养导向的教育，强调"教—学—评"一体化，这些理念在STEM教学中如何实现？STEM教学是否有独特的教学模式和有效的教学策略？作为一种项目式学习，STEM教学又如何实现通过评价促进学生核心素养的发展？如何设计和使用STEM学习评价量表？《STEM教学设计与评价》一书对此给出了积极的回应，并结合STEM学习的创新案例帮助大家对这些问题有更清晰的认识。

STEM教育在中国经历了演变的历程，科技教育曾经是更为我们所熟知的名字，尤其是科技活动和竞赛，学校和学生都很喜欢，参与度高。伴随着课程改革，学校设置了小学科学、中学理科课程、通用技术、信息科技、综合实践等有关课程，并开设有社团、校本课程以及科技节等多样的、丰富多彩的课程与活动。STEM教育与原有的很多科技活动和竞赛有着传承关系。学校和校外如何组织、设计STEM活动与竞赛？它们与学校的课程是什么关系？不同学段的STEM活动有什么特点？有哪些典型的STEM活动与竞赛？STEM活动与竞赛如何体现育人功能？《STEM活动与竞赛》一书对此进行了有意义的探索。

相比于常见的学科教学，STEM教育具有很大的特殊性，强调在真实的任务中解决问题，因此需要相应的空间、特殊的环境给予支持。什么样的学校空间是我们所期待的？它传递着怎样的理念？空间与教学和育人之间是什么关系？学习空间设计有哪些可能性？为了回答这些问题，我们专门写了一本《未来学校设计：STEM空间营造》。这本书无论是写作方式还是内容都非常具有创新性，它既有人文的叙事，又有哲理的思考，还给出了操作的方法。从中我们可以看到对学校设计方法论和流程的阐释，并通过具体案例了解到好的学校设计是如何诞生的，体会新的学习理念是如何影响空间设计的。

STEM教育特别注重学生思维方式的培养，我们用4本书阐述了4种重要的思维——工程思维、设计思维、计算思维、创新思维。在过去的学校教育中很多老师对这些思维的培养感到陌生，随着育人目标的改变，思维发展成为教育中极为重要的部分，特别是上述4种思维方式，无论学生将来从事什么职业，这几种思维培养好了，应对工作就会游刃有余。《STEM与工程思维》一书的作者从认知维度、能力维度和实践维度三个方面阐释了工程思维的价值、特点、思想方法，同时给出了运用工程思维解决问题的策略，以及工程思维教学案例及解析，为教师理解工程思维，有效开展教学实践提供了支持。

设计思维在各行业中应用广泛。有些中小学也开设了设计思维培养课程，但是大部分学校教师对设计思维及其教学还是陌生的。《STEM与设计思维》一书力图用一种设计思维的方式来写作，使用图文并茂的形式让读者一眼就可以看到设计思维的要义，并获得不一样的阅读体验。书中给出的大量案例也会让读者切身体会到设计思维的魅力，以及如何在教学中运用设计思维。

进入智能时代，面对全新的世界，人类不仅需要开发新的工具来控制和体验这些设备与技术，更需要全新的思维方式，使我们能够看透技术的本质，以创造性的、深思熟虑的和适当的方式理解并使用这些技术。从这个视角来看，计算思维作为运用计算机和互联网及其他信息处理代理有效执行人类构造和表述问题的思维方法，不仅是计算机科学家和数字工程师的专业兴趣，也将超越具体学科，成为这个时代最基本的思维方式。这是《STEM与计算思维》这本书中对计算思维的描述。计算思维将成为21世纪公民必备的基本思维智慧，成为与阅读、写作、算术一样的基本技能。如此重要的思维在中小学应该如何培养？本书作者对计算思维的本质、指向计算思维教育的STEM项目设计以及如何运用计算思维解决学科教学问题都做了系统阐述，并辅以案例说明。

创新思维是21世纪核心素养中的重要组成部分。对于创新思维大家既熟悉又陌生，熟悉的是在许多场景下都会提到创新思维的培养，陌生的是如何在学校教育中有效培养创新思维。创新思维可以赋能学生在不久的将来自如地应对工作、生活带来的挑战，也为社会带来更大的价值。赋能学生的前提是赋能学校，而这中间最重要的一环是赋能教师。教师如何设计教学活动激发学生的好奇心，使用什么方法和工具鼓励学生自主探索、应对挑战、学会从失败中学习，如何创建一个友善的环境，使用正确的沟通方式和学生对话、交流，值得每一位教师在阅读时深思。在这本《STEM与创新思维》中你还会了解到我国和新加坡多所学校的创新思维教学培养案例。

人工智能也是目前学校开展STEM教育的重要内容领域，因此我们特别编写了《STEM与人工智能》这本书，通过对各学段大量案例的展示与解析，让教师了解在STEM教育中如何开展人工智能相关内容的项目设计与实施。

我们期待这套STEM教育丛书能给教师提供更加全面了解STEM教育的机会，同时也希望这套书成为教师开展STEM教育的得力助手。我们还会开发与这套书配套的视频课程，使其成为STEM教师专业学习的有效资源。希望我们的努力能助推中国STEM教育的发展，更加希望我们这套书能成为正在阅读本书的你的好朋友。

王　素

中国教育科学研究院比较教育研究所所长

中国教育科学研究院 STEM 教育研究中心主任

本书推荐序

2022年4月颁布的《义务教育课程方案和课程标准（2022年版）》强化课程的育人导向，要求各学科均设立跨学科主题学习活动，加强学科间的相互关联，带动课程综合化实施，强化实践性要求。基于核心素养要求，所有课程都要遴选重要观念，突出基础知识，设计主题活动，优化组织形式，增强课程内容与育人目标的联系。STEM 课程融合了科学教育（Science）、技术教育（Technology）、工程教育（Engineering）和数学教育（Mathematics）的知识内容和思想方法，具有鲜明的跨学科实践的核心特征，高度契合本次课程改革的要求。STEM 课程不是某几门分科课程知识内容的简单叠加，而是要求学校"因地（学校）制宜"和"因人（学生）制宜"地对国家课程部分内容进行创造性改编或再开发，或针对不同的学习任务，采取不同的策略和途径开发。然而，在教学实践中，很多教师对"如何设计或找到理想的STEM课程"感到困惑，无所适从。

如何设计一门适合教育环境、适合学情的STEM 课程呢？由黄志红等主编的《STEM课程设计与实施》一书，归纳总结了 STEM 课程目标设计的依据、目标确定的原则和目标表述的策略，介绍了课程内容的挖掘途径、课程内容的组织结构和呈现方式，以及多种 STEM 课程实施路径，强调了 STEM 课程要注重学生成长的过程和教师专业发展的过程性评价。这本书集合了许多教学一线教师的课程设计与实施案例，为我们深入开展跨学科实践，把STEM课程作为培养创新能力的重要载体提供了许多有益的经验。这些经验具有指引的作用。

首先，本书明确指出STEM课程的开展必须以核心素养培养为目标。STEM课程具有跨学科实践特征，跨学科实践实际上就是利用相关分学科知识对现实生活中的现象和问题进行观察并提出问题解决的方案，是对学科知识的应用。STEM 课程是环绕解决现实世界问题需求而对各学科的有机整合，通过对问题的解决有效培养学生的创新思维和创新能力。每门学科课程都有清晰的课程核心素养和培养目标，因此跨学科课程核心素养目标的表述应包括相关学科有关部分的核心素养目标。例如，设计和实施围绕科学课程的STEM课程时，必须关注科学课程的核心素养中所包括的科学观念、科学思维、探究实践和态度责任。同时，也应要求学生通过跨学科实践掌握跨学科的科学知识和相关学科的大概念，形成初步的跨学科科学观念；掌握跨学科的思维方法，如计算思维、数据思维、工程思维、批判性思维等，具有初步的跨科学思维能力；掌握跨学科的技术实践能力，具备初步运用跨学科方法进行创造的能力；具有更全面更深刻更具体的价值观和社会责任感。在实施STEM课程教学时，要注意让学生形成相关学科的大概念。大概念指的是将众多学科理解与连贯的整体联系起来的关键思想，是基于事实抽象出来的深层次概念。例如，我国义务教育科学课程标准从物质科学、生命科学、地球与宇宙、技术与工程等领域提出了13个学科核心概念，这些科学大概念贯穿学生小学六年的科学学习，并与中高年级科学课程衔接，保证学习的连续性、有效性。这些大概念将多种知识有意义地连接起来，是在不同环境中应用这些知识的关键，具有中心性、持久性以及可迁移性等特征。

STEM课程具有鲜明的跨学科实践的特征。但STEM课程不是某几门分科课程知识内容的简单叠加，而是多领域知识的有机融合。设计并实施STEM课程，教师的基本出发点就是转变教与学的方式。传统的分科课程教学是以学科逻辑、按知识内容体系组织起来的。而STEM课程则是按活动逻辑，以项目实施方式组织教学，基于项目的学习方式培养学生的学习能力。这是学生学习方式的重要变革，概括起来就是要学生体验面对真实情境—发现问题—探究问题—解决问题—形成制品—展示成果—交流评议的项目式学习过程。教师需要为学生构建真实的教学情境，引导学生在其中发现问题，对现实问题以及复杂问题进行探究，提出问题的解决方案，通过工程技术解决问题并形成"作品"。最后学生对真实"作品"进行展示，通过作品展示和交流表现体现学习者掌握的知识和技能状况。学生在参与真实项目的过程中形成批判性思维，提高创造能力和沟通技巧。这样才能打破、消除传统的分科课程界限，让课程更加生活化、综合化，富有趣味性，提高学生的问题解决能力、学科知识的迁移应用能力，这些优势使STEM课程成为学生创新能力培养的重要载体。

本书介绍了STEM课程的设计、实施和评价过程，为把STEM课程建设成为创新能力培养的重要载体提供了宝贵的、有价值的经验。

把STEM课程建设成为有效培养研究能力的载体。STEM课程是基于研究的课程，它以培养学生发现问题、提出问题从而解决问题的能力为基本目标，鼓励学生从学习生活和社会生活中发现问题，形成各种课题项目，进行项目探究方案设计、项目作品设计、项目作品制作等，以此作为学生学习的载体。在教师指导下，学生学会自主采用研究性学习方式开展研究，独立思考，通过查阅书籍、网络等，深度融合多学科知识，运用数学语言进行科学表达，应用信息和通信技术实现多门学科知识的理解和再认知。通过学生间的交流和协作学习，借助这些载体的设计和完成的全过程，学生可以学到科学的研究方法，获得丰富且多方面的研究体验。学生的综合分析能力、交流能力、迁移能力和解决问题能力进一步提高。这样的学习过程是在理性与感性的交替中递进的，让学生在研究中学习。

要把STEM课程建设成为有效培养及运用工程设计思想去解决问题的载体。STEM 课程是基于问题解决的跨学科实践，有效的STEM课程不仅是基于问题探究的学习过程，还必须是实现问题解决的学习过程。本书的案例展示了多种不同类型的学习作品，包括文字制品、电子制品、实物制品等，它们的设计与制作过程就是学生运用工程设计思想解决问题的学习载体。

在实施STEM课程的学习活动中，要让学生处于对特定的现实问题进行解决的学习环境中，学会运用工程设计思想和技能作为解决问题的重要方式，有效培养学生的解决问题能力。在教师的指导下，学生利用相应的教学资源对不同知识内容进行整合，制定相应的问题解决方案并使问题获得解决的过程，就是教师把工程领域中问题解决的设计与实施的系统思想应用于教学的过程，它包括分析需求、明确任务、设定目标、提出方案、制作原型、实验测试、发现问题、修正完善、作品定型、作品展示等环节。学生通过参与项目作品的设计和制作过程接受真实的挑战,体验包含系统思考、系统优化、预测分析以及约束识别等环节,最终形成解决问题的能力。

要通过STEM课程的学习评价活动促进学生创新能力的培养。本书用了不少篇幅讨论STEM课程的评价问题,提供了多种评价表格,对开展STEM教育很有帮助。本书指出STEM课程评价包括对促进教师专业发展的评价和促进学生学习成长的评价。STEM课程是动态的、发展的。对学生的评价既要注重学生创造力的评价,也要更多关注学生学习的过程性评价和表现性评价。表现性评价是指在客观性考核以外,对学生的学习行动、学习作品、过程表现、实际操作等真实的行为表现进行测量,评价学生在真实情境下的所知与所能。我们可以通过"问题发现与说明""问题解决方案和实践的行为表现""学习制品的设计与制作""作品的创造与创新""学习交流与学习反思"等方面,评价学生的参与程度(积极参与—被动参与—没有参与)、完成程度(全部完成—部分完成—没有完成)和作品质量(质量优秀—质量一般—质量差)。同时,还要鼓励学生学会自我反思,反思的方式是让学生进行PMIQ内容回顾,即让学生自我反思P(plus,我已学懂那些知识)、M(minus,我还有哪些知识未学懂)、I(interest,我还对哪些知识感兴趣想继续学习)、Q(questions,我对哪些知识仍然存在疑问)。

随着我国社会经济的快速发展以及科学技术水平的不断进步,社会对高素质人才的要求越来越高。在中小学中开展STEM跨学科实践课程,可有效培养学生的动手实践能力、创新思维能力、发现问题以及解决问题的能力,帮助学生在打好扎实的学科知识的基础上,形成科学精神、创新思维、实践能力和创造能力,向复合型人才发展。

李克东

华南师范大学

目　录

STEM课程建设概述

STEM 课程建设的背景与挑战

STEM 课程建设的本质、模式及特征

STEM 课程建设的问题与对策

本章概述STEM课程建设所处的经济社会和教育改革发展背景及面临的挑战，提炼STEM课程的本质特征、建设策略及通用模式，并对STEM课程建设进行问题反思与经验概括。

本章学习目标：

1.了解STEM课程建设的背景与挑战。

2.把握STEM课程建设的特征与模式。

3.开展STEM课程建设的回顾与反思。

第一节 STEM 课程建设的背景与挑战

STEM 是科学（Science）、技术（Technology）、工程（Engineering）、数学（Mathematics）四门学科英文首字母的缩写。STEM 教育让学生基于真实情境中的问题，将科学探究、工程设计、数学方法和技术实现有机统一，综合运用跨学科的知识和方法来解决真实问题，提升自身的创新意识和创新能力，促进全面发展。STEM 课程将科学、技术、工程、数学的知识和技能整合到一个真实的任务中，以主题为统领、以设计制作为表现、以创意物化产品为结果。

一、社会变迁与经济发展的挑战

作为教育的核心要素，课程的源起及发展始终植根于一定的社会背景之中。课程开发会受到社会政治、经济、文化、科技等因素的深刻影响，在不同国家和地区、不同时代背景下，主导因素也会有所不同。当今的社会是以知识经济为主导的信息时代，时代变迁带来的产业升级与人才结构优化的挑战超越以往任何一个时代。跨学科、创新型人才成为"香饽饽"，同时也有一大批从事夕阳产业的人群对自己的职业前景和未来生活忧心忡忡。

"学什么""怎么学"成为世界各国开展教育改革应对时代挑战的关键问题。《未来简史：从智人到智神》的作者尤瓦尔·赫拉利曾预言诞生于 19 世纪工业革命的教育体系在 AI 时代下必将破产。在信息化浪潮冲击下，行业生命周期剧烈变动促使社会各界积极开展教育反思，高度竞争的行业对人才及其素养结构的需求最为敏感。把人才能力需求与人才培养的链条对接起来，并反向推进到青少年成长关键期，让全社会为青少年未来成长聚力协力，这成为教育共识。当今的学生从出生就生活在"数字世界"之中，他们的思维方式、认知特点、行为模式和情感模式等与父辈相异，他们习惯于快速地接受信息，喜欢多任务处理和随机联结，爱好即时反馈和强化，喜欢做中学而非听中学，喜欢图表而非文本，对机械死板的讲授缺乏兴趣。不同的经历产生不同的大脑活跃程度、思维和行为模式。教育就是为学习者提供"经历"的过程。信息时代的教育要通过具有时代特征的"经历"赋能学习者。基础教育阶段的教育改革中，课程改革是核心，而课程改革浪潮中，STEM课程又是先锋。STEM课程正是世界各国在新技术背景下对增强国家竞争力、人才全球胜任力"教育何为"的一种创新探索。一时间，STEM课程成为教育创新、未来教育的代名词，成为教育革故鼎新、培育未来人才的重要抓手。

全世界范围内，美国的STEM教育起步最早，广受关注。美国将STEM教育从课程革新上升为国家战略，从"不让一个孩子掉队"到"美国竞争力计划"，将国家发展的预期目标与理想植入课程，由学生通过明确的学习目标予以落实。STEM课程发展呈现出与传统教育不一样的课程创新力和生命力，激活了教育工作者的想象力和信心。继美国之后，英国、芬兰、中国、澳大利亚、德国、日本等国都积极开展大规模的STEM课程创新探索。

二、对分科林立的学科课程的质疑

课程的发展具有典型的时代特征，在课程发展取向上，存在"学科中心"与"学生中心"两个向度。在以"蒸汽机"为代表的工业时代，基于"社会分工模式""生产组织模式"影响下发展起来的"学科中心"取向的"分科课程体系"成为最典型的代表。赫伯特·斯宾塞（1997）主张："被认为最有价值和最美的科学，就要统治一切。"分科课程模式易于组织化和体系化，易使学生获得具有严密逻辑和清晰脉络的学科知识技能，有利于培养适合工业文化的"专才"，长期占据课程主导地位。

随着对工业文明带来的严重污染问题、城市病、人口问题的深刻批判与反思，教育领域也出现对传统学科中心课程带来的学生片面发展、学习负担过重、综合素养不足等问题的批判与反思。青少年期，学生对事物的认知主要基于情绪、情感和本能的统一，接受事物受自身经验的影响较大，习惯将事物视为整体，习惯以整体的、综合的、艺术的方式感知世界。"我国现行课程体系深陷于分科主义的泥沼之中。……它基于原子论、机械论的视野认识个人、社会与自然的关系，忽视了世界的整体性。"（张华，2001：11）学科知识导向的教学割裂和肢解了儿童对真实世界的体验，给予儿童支离破碎、分化的知识，缺失对儿童整体特质的研究和关注。随着人类社会从工业社会向信息社会跃迁，分科林立的课程在"知识爆炸"的驱动下仍持续强化"知识本位"，课程日益臃肿且学生学习负担沉重。"这样的课程数量众多、结构雷同、知识覆盖面也相当广泛，但是各知识点之间却并没有发生多种多样的关系。彼此分离的知识点即便是被训练到相当熟练的程度，也不会在学生头脑中形成融会贯通、纵横捭阖的知识结构。"（车丽娜，2017：9）当今社会出现了学校教育变化与社会发展之间的"20年落后期"现象，教育必须敏锐地洞察社会的变化，进而对课程与教学的革新作出规划（黄甫全，2002）。课程改革的天平有必要从"学科中心"转向"学生中心"，从单学科转到跨学科。

STEM课程以科学、技术、工程、数学为中心，以这四门学科知识跨学科融合为特点，让学生在具体的课程学习活动中综合应用不同学科知识解决实际问题，正是当前"以学生为中心"、跨学科综合化学习等教育观念在课程中的先行先试。"以学生为中心"是一种强调学生在教学过程中的主体地位，以学生可迁移能力培养为导向，以引发学生主动学习、发现学习、建构学习为目的，兼顾学生学习体验与学习效果的教育观。它强调赋予学生充分的自主自由，革新教与学的方法，建立有效的学习支持和指导体系，课程设计要从学生的需要出发。STEM课程因其学科特点、育人特性成为课程改革的"明星"，通过凸显"学生中心"的价值主张，跨越与融合传统分科课程，STEM课程成为课程改革的代表符号。

三、教师角色优化的需要

教育教学质量的提高是多因素综合作用的结果，在众多因素之中，排在第一位的不是设施设备的更新，不是小班额化，也不是教育信息化，而是"人"的因素，即教师的素质及其专业化发展程度的提升（张安义，2018）。经济合作与发展组织（OECD）在教学与学习国际调查（TALIS）项目中将"教师专业发展"定义为教师技能、知识、专长以及其他特征的发展。信息社会所具有的全球化、个性化、智能化、开放性、互动性等特征持续改变着教育的概念、教育的生态，影响着教育形态、教育方式、师生关系、家庭关系。教师职业未来不会"消失"，但是专业发展的内涵必然发生深刻的变化。

与此同时，从教师培养的角度看，目前大部分教师是传统模式培养出来的，其教学课堂以分科教学为主。与此相适应，师范院校的师范生培养也主要是分科培养，课程设置以学科课程为主，教学中更重视师范生对学科知识的摄入和理解以及学科方法论的学习。从教师专业成长的角度看，大部分教师在教育现场过分依赖"经验与直觉"；从学校管理的角度看，现行体制机制基于分科课程的设计强化了大部分教师的"分科角色"，使其抗拒"其他角色"的融入与相关探索。历次教育改革和课程改革大潮一直把一线教师视为需要"改造"而非可以"依靠"的对象。反复改造的结果是教师无所适从，越来越没有自己的主见，甚至患上"教师失语症"，出现"自我迷失乃至自我分裂"（潘海燕，2016）。对世界各国而言，教师角色转型都是较为困难的工作。

当教育改革主张从"让学生知道些什么"调整为"学生能做什么"，教师的角色必然要随着"教与学""师与生"关系的变化和"学习场"的调整发生变化。

STEM 课程为教师提供了一个与传统的以知识传授为主的教育体系、教育制度、教学模式和教学方式完全不同的专业发展探索机遇。跳出"学科舒适区"挑战"跨学科教学";放弃"照本宣科"直面"真实问题";淡化知识灌输强化学科育人;放下"师道尊严"成为"学习共同体的一分子";"授之以鱼"转变为"导之以渔"……。转变角色,变危机为转机,是广大教师回应这场教育变革的关键。STEM 课程为创新型教师跳出学科桎梏,尝试"跨学科"理解教育、创新教学,努力提升自身多样化能力,实现从"教书匠"到"学习兴趣激发者""能力培养者""心灵沟通者""行为示范者""教育研究者"的角色转变(董晓波,2019)提供了重要的试验平台,成为新一代研究型创新型教师的"孵化器"。

第二节　STEM 课程建设的本质、模式及特征

一、STEM 课程的本质属性

理解 STEM 课程的开发必须先理解课程。课程是个古老又年轻的概念,它虽有一个漫长的过去,却只有一段短暂的历史。说它古老是因为早在古代,东西方就有了各种各样的课程实践,说年轻是因为课程作为独立学科的研究对象只有短暂的百年历史。课程是教育的核心内容和关键要素,正如拉尔夫·泰勒所言:课程是"教育事业的核心,是教育运行的手段,没有课程,教育就没有了用以传达信息、表达意义、说明价值的媒介"。

首先,STEM 课程的本质属性在于它是课程。从一般意义上来讲,STEM课程设计与开发须遵循课程开发的基本规范,要聚焦于课程的定位、课程的价值取向、课程的构建、课程的目标、课程的实施与课程的评价等六方面(陶西平,2016)。课程在其发展过程中逐渐演化出独特且较为稳定、成熟的课程理念、

知识体系、教学模式、课程制度、课程资源以及相关共同体。

其次，STEM课程是体现跨学科课程融合的综合课程。STEM课程将科学、技术、工程和数学四大传统学科课程中的部分内容进行课程整合，以真实情境中的问题尤其是工程问题为主题，将科学探究、工程设计、数学方法和技术制作有机统一，以项目学习和工程设计制作的普遍流程为课程实施过程，引导学生体验跨学科学习、多样化学习的模式，帮助学生摆脱单一学科知识体系的认知桎梏，与多方合作完成学习任务，并以学生动手实践解决问题的能力、创新精神、综合素养及工程作品表现等作为评价的标准。

最后，STEM课程是项目式课程。和所有的项目式课程一样，STEM课程的设计开发与实施具有五个特点。一是真实项目驱动。所有STEM课程都以项目作支撑，以开放性的真实问题为导向，让学生围绕项目、解决问题、完成任务。STEM项目驱动下的学习，旨在丰富学生对事物的认识，注重将学术性知识转化为生活经验知识。二是跨学科知识整合。STEM课程作为跨学科课程，科学、技术、工程、数学知识以整合的形式出现。教师需要围绕某个涉及不同领域的大概念，将不同学科知识按照一定的课程逻辑进行整合，从而将分散的学科知识结构化。三是学生合作建构。一个完整的STEM项目学习，很难由一个学生独立完成。学习共同体则成为学生完成STEM项目的最重要形式。在每个STEM项目中，学习共同体的各个成员相互指导，分享信息和经验，从而解决STEM问题。四是教师协同教学。STEM课程知识的整合性特点对教师的教学提出更高的要求。在保证教师具备专业的STEM知识的同时，还要求其将教师间的协同教学作为STEM常规课堂教学方式，以弥补单科教师的专业缺陷。五是聚合汇集资源。STEM课程的实施需要丰富的资源环境，通过各种学习环境中持续的信息传达、指导与资源供给，支持学生进行STEM学习（车丽娜，2017）。这就要求学校打通与社会、企业间的通道，找到相互之间的STEM内容关联点，跨界聚合资源和环境（董泽华，2016）。

课程是回应"培养什么人""如何培养人"的关键，STEM课程提供了旨在培养创新人才的全新的可能的"解决方案"，成为各国课程改革的"热区"。

二、STEM 课程的建设模式

　　课程不应该只是一部分学科专家学者商讨的结果，而应该是社会广泛参与、集体建构的产物，其构建关系到整个社会的发展，因为它的研发、制定和实施涉及社会的方方面面，更需要各利益相关者和教育系统各层次全方位的参与，体现课程的广泛性（陶西平，2016）。《STEM 杂志》（*STEM Magazine*）指出："STEM 不是一种职业，也不是一门学科，而是代表着需要科学技能、运用技术的能力、问题解决（工程）技能和各种数学应用能力的成千种职业机会的缩略语。""接受过 STEM 教育的人，将更有能力进行深思熟虑的分析和问题解决，从而应对快速的技术变革，并提出创新性的解决方案。"（张丰，2020：6）理解并运用 STEM 知识、原理和技术的能力，是具有高度迁移性的，包括运用批判性思维来认识问题、运用 STEM 概念来评估问题及正确识别解决问题所需的步骤，这些能力能够提高个体在各学科中的学习能力和学习成绩（赵中建，2017）。未来社会，所有人的职业都可能带有 STEM 特质。"STEM 教育不只是科技创新教育，它更像是一场教育变革运动。"（张丰，2020：5）STEM 教育的这种融合与开放兼具的特性，使 STEM 课程受到不同立场主体、不同价值目标、不同行动策略等因素的影响，孕育了许多理念先进、特色鲜明、风格独特又自成一体的课程模式，这些课程模式不仅在 STEM 课程实践中产生重要影响，也为丰富课程理论、构建 STEM 课程体系及相关学术和话语体系作出了贡献。

（一）STEM 课程的目标模式

拉尔夫·泰勒的"课程目标模式"是一种经典的课程设计模式，即根据课程目标编制"合理的"课程计划，再依据事先确定的目标选择教学内容和方法，而后进行课程评价、评估并改善教学制度、课程实施及内容等，直至达成既定目标为止。泰勒对教育目的、教育目标、课程目标并没有做严格的界定，而是融合共用，强调课程的目标导向，以目标是否达到最初愿景为评价标准来衡量一门课程开发的科学性。这使得"课程目标"具有很强的张力，可以更广泛融合教育性的目标。作为一种与传统课程不一样的创新课程，STEM 课程的目标模式除了经典性之外，还表现出与传统课程鲜明的差异——创新性。STEM课程的开发、教学与传播较为关注"目标明确""内容综合""行为优化""兴趣激活""成果物化"几个要点，凸显了 STEM 课程的先进性与适用性。课程"初心"是确定课程目标的起点，是课程开发的原点性问题，基本包含了时代社会发展、学科发展、学生发展三重内容，三重发展目标构成课程目标的基本框架和内容。这为 STEM 课程构建"创新制高点"提供了绝佳的平台。我们基于当前的信息时代发展、跨学科融合发展、学生核心素养发展三类发展目标的新变化提出了 STEM 课程目标，并从国家层面、社会层面、学校层面、个人层面提出了诸多影响要素（见图 1-1）。适切且易于被接受的目标为其传播与实现奠定了坚实的基础。

图 1-1　STEM 课程目标的影响要素

泰勒的教育性目标以促进学生的行为发生变化为指向，评价过程即对学生行为变化发生的证据进行收集，强调对学习者行为的大量观察。在教育教学过程中，对学生行为的观察和记录较为容易实现。由于"行为目标"具有精确性、具体性、可操作性的特点，当教学内容以"行为目标"形式陈述时，教师能更加清楚地了解教学任务，有利于教师控制教学过程，而且"行为目标"还有利于教育者就教学内容准确地与教育督导、家长、学生展开交流，更重要的是它便于教育者作出准确的评价。STEM 课程目标用通俗的方式来说就是让孩子"像科学家一样思考问题，像工程师一样解决问题"。STEM 课程通过大量的"操作""讨论""展示"等学习活动，使 STEM 课堂成为与传统课堂不同的新型"课堂"，使得学生行为的变化更容易"被观察"。

教育是一个改变人的行为方式的过程，教育的目标既要指出学生需要养成的行为，又要指明能运用这种行为的问题情境、生活领域和内容。目标的明确性及其与现实生活的对应性，能促进学生激发学习的兴趣、发现学习的用处、建构学习的意义。在更关注学习者体验的维度，由于 STEM 课程更能激活学习者的兴趣，因而它也更容易获得积极的评价。

当前，大量的学校、企业、机构开展的 STEM 课程建设，表现出典型的目标模式特征，更强调激发和培养学生的兴趣以及探索、质疑、科学、创新、沟通能力。与此同时，我们也必须清醒认识到，这种预先设定的课程目标模式，也可能存在着脱离学校、学生实际，压抑教师和学生的创造精神，过于市场化和陷入新的工具性而脱离课程初衷的风险。

（二）STEM 课程的过程模式

随着 STEM 理念的日益推广，在反思目标模式不足的同时，受以劳伦斯·斯滕豪斯为代表的过程性课程理论影响，很多学校在利用校本课程平台开展 STEM 课程的自主建设中创生出 STEM 课程的过程模式，这一模式主张课程领域应是一个开放融合的系统而不是一个个封闭独立的系统。这种开放性一方面表现为发展学生的主体性、创造性，另一方面则表现为赋予教师充分的自主权——"教师即研究者"。既然教师是研究者，那么，学校就是课程研究和开发的中心（鲍东明，2016）。整合性特征突出的STEM课程如果仅仅停留在目标先行、行为优化的层面，必然会陷入"求新""求异"的工具主义怪圈。探索与传统课程不一样的"动态生成"和"个人成长"成为STEM课程过程模式的重要思考点。基于学习者个人的成长过程和特征，反思教师与学生的关系及课程与学习者成长的关系，以"整合、关系生成及实践"的理念对STEM课程的全过程进行思考。STEM课程的过程模式在尽力实现课程目标的基础上，更强调优化学习者"经验""自身体验"，跳出了传统课程过于强化学习者按照既定预设目标和标准内容的线性学习窠臼，也充分尊重了学习者的个性化、多样化学习。STEM课程过程模式下的核心环节有如下特征（见图1-2）。

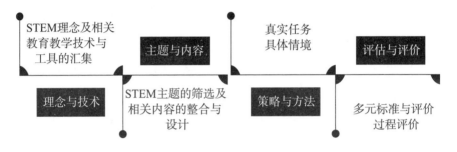

图1-2　过程模式下的STEM课程核心环节特征

与此同时，教师通过对比STEM课程与常规课程，进行常态化的反思，建构新的课程经验，形成了一种新的"理解"，即课程是"揭示"一个世界，"预言"一个世界，传达一种"信息"，而不是传达一种"知识"。这种模式通过校本课程建设浪潮，推动了校本STEM课程建设。其中，许多校本STEM课程结合地方文化、历史、社会等相关主题内容，形成了对STEM课程框架的创新拓展。但是，校本化的STEM课程在实践过程中主题、内容、场景是多变的，学习者的自身体验存在不确定性，学生的经验存在"开放""不稳定""不全面"等特点，不管是学生、教师、学校还是教育机构都很难对STEM课程教育水平和学习结果进行客观衡量。这就导致过程模式的STEM课程实施效果容易成为一笔"糊涂账"——课程投入很大，但过程不确定，收益不明确。每个参与者仅能从个人利益出发或根据相关主体的主观感受对其进行"描绘"，这种不客观、不可测量的方式缺乏说服力，也成为一些人批评 STEM 课程的理由。

（三）STEM 课程的生态模式

在各种挑战中，STEM 课程实践始终在世界各地持续并深化发展，完成自我修复和提升。STEM 课程在学校现场带来了"骨牌效应"——教育发展理念、教育发展方式、教育体系制度等都出现积极的转变。传统学校教育生态系统中存在的与 STEM 课程相冲突的问题，是制约中小学 STEM 课程发展的主要问题。这些问题表面上是学业压力过大、教师素养不足、课堂效率极低，但深层暴露的是传统课程生态中教育理念落后、管理制度僵化、科学精神与人文精神缺失等问题。彻底解决这些问题无法通过单一化、孤立化的策略，而需要站在学校生态营建的角度进行课程体系重构，提高课程的生活意义和效率。以生态课程观来观照、思考、解释、设计、评估 STEM 课程建设中的衍生问题，优化课程生态，用 STEM 课程的跨学科、整合理念对课程与教学、课程与学校、课程与人的关系进行再思考与再探索，从工具理性下的标准化、流水线、机械化取向向人本主义的多样化、多元化、个性化转变。从 STEM 基本要素出发，使教育的各要素之间、要素与环境之间相互联系、相互影响、相互作用，形成结构稳定的系统化、体系化 STEM 课程，用课程激活更具有创新精神和创新特质的未来学校教育生态系统，用生态化为教育可持续发展提供持久动能。

生态模式下的 STEM 课程需要通用化的课程框架、个性化的"内容物"及课程运作机制构建一个"机理性模型"（见图 1-3）。学校需形成兼容 STEM 课程理念的办学理念、制度、行政文化；围绕 STEM 课程"整体目标"构建课程基础要素（主题与资源、目标与结果、策略与方法、评估与评价）相关内容，形成体系化的课程成果；通过基于相关标准的学校空间优化，搭建 STEM 课程学习空间；让教师和学生围绕 STEM 课程，优化教学全流程、转变传统的教与学；通过 STEM 课程实践成果反哺学校整体发展。

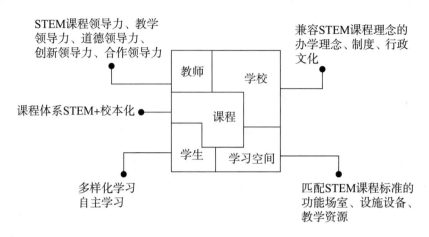

STEM课程领导力、教学领导力、道德领导力、创新领导力、合作领导力

兼容STEM课程理念的办学理念、制度、行政文化

课程体系STEM+校本化

教师　学校

课程

学生　学习空间

多样化学习
自主学习

匹配STEM课程标准的功能场室、设施设备、教学资源

图1-3　生态模式下的STEM课程

生态模式下的 STEM 课程建设在 STEM 课程探索深入且综合发展水平较高的地区与学校中发展应用较为广泛,代表一种追求更好教育质量的教育自觉。但是,在学校的实际探索中,学校的课程自主权有限,学生和教师的参与条件(时间、精力、财力)有限,STEM 课程的发展与品质提升仍有许多路要走。

三、STEM 课程的建设特征

STEM 一词最早在 20 世纪 80 年代由美国科学促进协会在"2061 计划"中提出。随着实践与理论的发展,20 世纪末到 21 世纪初学术界逐步达成一些共识。比如,早在 20 世纪就有人提出整合式 STEM(Integrative STEM)课程(LaPorte et al.,1993),与以往的不强调整合的 STEM 课程加以区分。整合式课程更适合真实世界解决问题能力的培养。因为在真实世界中,学生要面对的不是某个数学的计算问题或者物理的实验问题,而需要灵活使用各学科知识来解决问题(Sanders,2012)。学以致用的培养目标,需要我们发展一类课程来培训学生跨学科解决问题的能力,这就需要整合式 STEM 课程。后来，人们慢慢接受了"整合"的概念，便不再特意强调整合式STEM。目前，STEM课程已经公认为一种整合式、跨学科的学习模式，整合是其最重要的特征（见表1-1、图1-4）。

表1-1 STEM课程的四大核心特征

特征	主要内容
内容跨学科整合	项目作为连接各学科的纽带，在解决基于现实的项目问题中，会涉及各学科相关知识。
课程载体项目化	项目可以自然地把各学科知识与技能镶嵌在现实问题中，有效培养学生综合运用多学科知识解决问题的能力，并产生可视化的作品成果。
学习任务真实化	课程是基于真实情境中的项目或问题进行的，项目或问题具有真实性。
课程评价多样化	改变传统课程单一的评价方式，强调评价主体多元化、评价方式多样化，尤其强调对学习过程的评价。

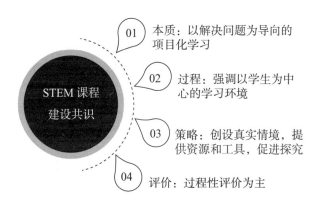

图1-4 STEM课程建设共识

在具体的课程开发实践上，有不少国家和地区根据自己的教育背景和目标制定课程标准，课程内容依据课程标准进行选择和编排。例如，美国设有基于项目引导的课程、"项目引路"课程（Project Lead The Way，PLTW）、E化课程（Engineering is Elementary）等。随着理念与实践的深化，STEM课程越来越强调科学、技术、工程、数学四个领域之间的紧密联动及主动、系统地有机融合，强调为学生提供与真实生活相关的学习情境、工程与实践体验。

各国大量的 STEM 课程研究与实践探索以及经验积累，通过实践的检验与时间的积淀，未来必将使 STEM 课程由量变向质变发展。

第三节　STEM 课程建设的问题与对策

作为教育改革的新事物，STEM 课程建设既是一种新的课程设计思想，也是一种新的课程实践体系。其核心在于以 STEM 理念指导学生开展多样化的课程活动，使学生形成良好的素养。

相较于传统学科课程，STEM 课程建设中仍存在人才及资源不足、教学质量不稳定等问题。作为学校掌舵人的校长应更新教育理念，通过生态优化、管理机制完善、资源投放、人才支持、评价改革等工作，为 STEM 课程的全面实施保驾护航；要加大基础性专用设施设备投入，保障全体学习者较为充分地使用这些设施设备。作为课程实施直接推动力的教师，应该得到系统的、专业的培训与支持。学校应鼓励教师跨学科教学，教师管理与评价机制也应跳出"学科窠臼"进行升级；要让 STEM 教师得到在职称评聘、工作量核算、教学质量评价等领域的充分尊重与支持，让一大批有意愿、有能力的教师可以专业专注，深耕 STEM 教育，成为中国 STEM 教育发展重要的人才保障。就 STEM 课程而言，需要结合为党育人、为国育才的时代命题，站在"两个一百年"的战略布局来进行新一轮课程建设的再思考。

一、STEM 课程建设的典型经验

作为一种全新的教育理念与实践，美国的 STEM 课程从"混沌"到"明晰"的发展历程给世界各国提供了很好的经验与参照。美国的 STEM 课程一开始试图运用传统课程思维破解科学、技术、工程、数学学科创新内容融入课程的问题，呈现科技前沿内容的更新、迭代，但是教学创新跟不上，学生学习兴趣难以全面激活，引发了争议与反思。另外，为了探索基于学科前沿内容的创新教学，将大学教学模式下移到中小学，操作难度较大，最终难以大范围推广。走过许多推广应用的弯路之后，美国最终达成共识：建立共同标准，通过跨学科融合的方式把 STEM 课程主题内容案例化、活动化、工具化、儿童化，回归到适应学习者能力和需求的水平。STEM 课程最终实现了对标各州教育规条的标准化、体系化，有利于大规模应用，吸引大量的教育企业与研究团队产出了大量具有知识产权和商业应用价值的课程成果。

发达国家对未来社会发展与人力资源发展需求具有高度的共识，在教育改革行动上保持着高度的一致性。这一方面与这些国家相似的教育体制有关，另一方面与社会各界的教育创新敏感性与使命感有关，尤其是，STEM 所涉及领域的企业、从业人员积极反应，广泛参与课程的研发、设计、实施。把人才能力需求与人才培养链条对接起来，并反向推进到青少年成长期，不得不说是一种极强的"发展敏感"，STEM 作为发达国家最重要的教育策略，为全社会青少年未来成长聚力、协力、助力。

进入 21 世纪，我国教育界也保持着对接世界教育前沿的敏感与主动，从国家综合国力发展的战略高度，在世界 STEM 教育浪潮中推出一系列具有中国特色的 STEM 教育政策，引导并广泛支持各级教育组织开展了大量卓有成效的工作，使中国在 STEM 教育赛道上与世界同步。目前，我国的 STEM 课程建设主要有以下做法和经验。

一是专家引领。学术科研组织和高校通过译介国外著作及案例、组织研讨与交流的形式，指导实验区或学校开展 STEM 课程行动研究，为 STEM 课程建设提供专业指导。如，中国教育科学研究院成立 STEM 教育研究中心，通过举办"中国 STEM 教育发展大会"，发布《中国 STEM 教育白皮书》《中国 STEM 教师能力等级标准（试行）》《STEM 课程标准》《中国 STEM 教育调研报告》，从 STEM 教育政策的顶层设计、STEM 人才培养畅通计划的实施、资源整合和师资培养平台的建设、STEM 课程标准与评价体系的建设、一体化 STEM 创新生态系统的打造和 STEM 教育成功模式的推广等方面，将我国的 STEM 教育发展达到新高度（田慧生，2017）。

二是区域推进。地方或学校根据自己的创新教育理念与主张，为满足学生创新能力发展的需要，进行适合区域或学校开展的 STEM 课程建设。如，江苏 STEM 教育协同创新研究中心发布《江苏省基础教育 STEM 课程指导纲要（试行）》指引各校规范 STEM 课程建设、广东深圳市龙岗区教育局颁布《深圳市龙岗区 A-STEM 课程建设指导意见》推进区域各校开展具有地方特性的 STEM 课程建设。

三是协作开发。许多教育企业或引进国外或独立开发 STEM 课程、项目及资源，在国内一些发达地区、知名学校开展 STEM 课程合作，这些合作主要以 STEM 课程师资培训与交流、STEM 国内外项目竞赛活动、STEM 功能课室改造、资源包工具包采购等项目为主。

从我国 STEM 课程建设的做法不难看出，我国教育界已经在较为广泛及深入地开展 STEM 课程研究与实践，探索 STEM 课程融入当前学校课程体系的路径。STEM 课程基本在国家课程框架范围内进行，寻求国家、地方、学校的平衡点，并且，STEM 课程被重视、被关注、被应用的趋势在持续加强，具有中国特色的 STEM 课程的数量与质量都在持续提升。

二、STEM 课程建设的问题反思

我国 STEM 教育在短时间内形成了一股教育热潮，广大中小学校在课程开发、空间建设、教学实施等方面取得了较为丰硕的实践成果，但也存在项目实施形式化、资源建设硬件化、课程开发碎片化等问题。

1. 真实性缺失，项目实施形式化

STEM 项目的核心是真实世界的真实问题，项目实施围绕解决生活中的真实问题来展开。但目前部分学生在进行 STEM 项目学习时，有真实问题解决需求的少，单一技能训练多；解决别人的问题多，探究自己的问题少；解决的问题里面有固定答案的多，开放性的问题少；涉及单一知识的问题多，涉及综合知识的问题少。由于对生活中的真实问题和需求的研判缺失，也无法获得真实的用户体验的反馈，最后学生往往设计制作出一些没有实际用途、只能用来纸上谈兵的作品，参加名目繁多的竞赛和展示，而未能利用科学原理、工程技术、数学思维、技术工具来解决生活中的真实问题，难以实现真正的创意、创新、创造。

2. 内涵性缺失，资源建设硬件化

STEM 教育的开展需要建设"学习空间"以及配置基本的设备、设施和材料。目前的 STEM 教育有过于注重硬件建设的倾向，一些学校的"学习空间"以配置高端设备、设施为主，学习空间重复建设，STEM 教育变成以 3D 打印、激光切割、机器人为主的堆料运动，未能因地制宜、就地取材进行校内外 STEM 教育资源的开发、利用。在一些学校里，这些设施设备大多数时间都被锁起来，仅仅在特定的、有限的时间向少数学生开放。这使得广大农村学校、薄弱学校或家庭经济条件欠缺的孩子对 STEM 教育望而却步，STEM 教育的普及性、普惠性程度低。

3. 系统性缺失，课程开发碎片化

目前，STEM 课程开发存在以下问题：内容单一，以信息技术学科为主；形式单一，以课程案例为主；来源单一，以教育商业机构为主；等等。特别是，企业、商业机构的介入，一定程度上使得学校 STEM 教育成为商家眼中的产业和市场，所谓的构建产、学、研融合的新教育生态变成了企业向学校售卖它们开发的课程产品，而少见基于教师的资源、学生的需求、真实的场景和问题

的 STEM 教育资源校本化和系列化开发。

除此以外，我国 STEM 教育还面临很多其他的问题和不足，如缺少国家战略高度层面的顶层设计、缺少社会联动机制、缺少贯通不同学段的整体设计、缺少标准与评估机制、缺少教师专业发展指南与相应的教师培训、缺少国家级的示范项目等。

三、STEM 课程建设的若干建议

1. 加强顶层设计，提升战略地位

STEM 教育不仅是针对某个学科或某个学段的改革，它更是一个切入点，很可能会在教育领域的综合改革中发挥"牵一发而动全身"的作用，会促进人才培养模式的创新和课程的改革，并对基础教育、职业教育、高等教育、继续教育等领域产生系统性影响。因此，加强 STEM 教育，提高人力资源开发水平，是回应经济社会新常态对人才培养诉求的重大改革方向。它对于实现我国建设创新型国家和推进制造业强国都具有非常重要的意义。不能仅仅把 STEM 教育作为教育内部的一种理念和方法，还必须站在为国家建设培养创新人才的高度来看问题，从产业发展、人才需求、人才培养的角度统筹考虑，整合全社会的资源推动 STEM 教育的发展。

2. 落实立德树人，培养核心素养

实施 STEM 教育，要以立德树人为宗旨，以提高学生综合素质、创新精神、问题解决能力为着力点，努力探索在分科教育为主的情况下，如何把知识有机融合，使碎片化知识结构化，让信息变成知识，让知识变成能力。STEM 教育基于现实情境的真实问题进行项目的跨学科设计以及强调创意物化等特点，能够使学生获得亲身参与 STEM 项目的体验，培养其 STEM 核心素养和高阶思维。如，通过大量的实践观察和记录，可实现对分析思维的激活；可在大量的小组研讨与合作过程中培养直觉思维；可运用设计师的视角和方法，从人的需求和时间出发，产生技术和方法上可行的思维方式。STEM课程中的工程课程的最大价值就是促进设计思维的培育。

3. 进行学科融通，实现迁移拓展

STEM教育不是对科学、技术、工程、数学等学科知识的简单叠加，而是通过预设真实情景中的复杂问题，将问题进行项目化设计，使学生了解现实生活中科学、技术、工程、数学的融合情景和结构。因此，资源的开发应该从学生的真实生活情境出发，从生活情境中发现问题，并将其转化为活动主题，通过考察、探究、建模、设计、制作、调测、优化等方式，使学生掌握开展STEM活动的理性认知和有效方法，并能将理性的认识、科学的方法、技术设计和工程思维向学科学习迁移和拓展。

4. 注重开放生成，建设课程资源

根据STEM教育的性质和基本理念，其资源开发应定位为活动型、生成型，突出真实的问题解决情境和问题设计的开放性。遵循学生的认知规律、学习特点，使学生在实践中学、在活动中学，使教育资源的内容和学生的生活、学习密切相关，使资源呈现方式和学生学习活动的开展具有高度的一致性，使教育资源本身成为学生开展STEM活动的资源包、活动指南、自学材料，从而帮助学生养成自主合作探究的学习方式。另外，考虑到STEM教育的特点以及目前缺乏专业、专职教师的现实，资源开发应将活动项目设计与教师的教学设计融合起来，便于教师开展STEM教育，增进教师的课程设计与开发实施能力。

要通过规范、完善STEM课程建设，凸显STEM课程学习场域中教学目标的多层次性、学习内容的跨学科复杂性、课程评价的多元性，结合学生的学习兴趣和智能的多样性，通过基于真实世界的项目，为每个学生提供个性化成长的舞台。

第二章　STEM课程目标设计

STEM 课程目标设计：依据及框架

STEM 课程目标设计：原则及要求

STEM 课程目标设计：案例及示范

本章基于STEM课程的课程属性、核心素养与关键能力的培养需求，提出STEM课程目标设计的依据及框架，以及进行目标设计的原则和方法。同时，通过若干案例，帮助读者理解STEM课程目标设计的原则和方法。

本章学习目标：

1.了解STEM课程目标设计的依据。

2.理解STEM课程目标设计的原则。

3.掌握STEM课程目标设计的方法。

第一节　STEM 课程目标设计：依据及框架

目标是课程和教学的灵魂，它支配着课程开发与实施全过程，并规定教与学的方向。作为一种跨学科的课程形态，STEM 课程的目标设计以 STEM 课程的课程属性、核心素养的培育需求以及课程目标的基本特征为依据，遵循目标设计的基本原则，并在此基础上构建目标的分类框架。

一、STEM 课程的目标设计依据

（一）基于核心素养的培育需求

2014 年，教育部在《关于全面深化课程改革 落实立德树人根本任务的意见》中首次提出制定学生发展核心素养体系，提出要将核心素养落实到各学科教学中，图 2-1 为中国学生发展核心素养总体框架。核心素养是指个体应具备的能够适应终身发展和社会发展需要的必备品格和关键能力。

图 2-1　中国学生发展核心素养总体框架

2017 年，中共中央办公厅、国务院印发的《关于深化教育体制机制改革的意见》提出，要在培养学生基础知识和基本技能中，强化学生"关键能力"的培养（见表2-1）。

表2-1 关键能力的主要内涵

关键能力	认知能力	合作能力	创新能力	职业能力
主要内涵	独立思考 逻辑推理 信息加工 学会学习 语言表达和文字写作 终身学习	自我管理 与他人合作 过集体生活 处理好个人与社会的关系 遵守、履行道德准则和行为规范	好奇心 想象力 创新思维 创新人格 勇于探索 大胆尝试 创新创造	适应社会需求 爱岗敬业、精益求精的职业精神 知行合一 动手实践 解决实际问题

　　STEM课程从方式到内容，从开发到实施，都非常强调团队合作，引导学生以合作的方式集体完成一个项目，提高学生的创造力、想象力，以及批判质疑、技术应用等能力。在课程开展的过程中，需要学生能够进行自我管理并学会与他人合作，能够进行授权与角色分配、倾听他人需求，并在遇到矛盾时学会沟通协商、解决冲突；能够有效进行展示与汇报，清晰表达方案思路与最终成果。在课程进行过程中，引导学生独立思考，增强其逻辑推理与信息加工能力，并促使其提升语言表达和文字写作的素养，养成终身学习的习惯。帮助学生学会对问题进行分析和类比，进行批判性思考；对边界模糊的问题与概念进行定义；对文件进行组织和管理；在陈述与展示时能够巧用提纲和总结，进行技术性、说明性文档的编写；等等。同时，时代在不断地发展与变化，许多问题是在课堂中难以预见的，STEM课程能够在激发学生想象力与创新思维的前提下，鼓励学生勇于探索、大胆尝试，对一些旧的问题提出新的解决方案，发现新的原理、发明新的产品，从而提升学生的创新能力和高阶思维。最后，STEM课程有助于学生培养职业能力，适应社会需求，让学生积极动手实践并解决实际出现的问题，增强个人的责任心、自我价值感等，以便更好地面对未来生活、工作中存在的挑战。（巴克教育研究所，2008）

　　学生在STEM课程学习中需要经历探究实践，从而形成对于数学、科学、技术、工程领域具体观念的基本认知，形成对于知识与技术的本质、人与自然的关系的认识；建立从科学的视角看待客观事物的本质属性、内在规律与相互关系的思维方式，从数学的视角理解与解释现实世界的思考方式；在了解和探索自然以及技术与工程的实践中获得探究能力和实践能力；理解知识、技术、社会、环境之间的关系，形成严谨求实的探究态度，养成自身的社会责任感。

由此可见，STEM课程致力于实现的目标与学生发展核心素养高度契合，它是培养学生发展核心素养和关键能力的重要载体。基于核心素养培育的要求来设计STEM课程目标，在每一个项目的选取、每一个环节的教学上，都要有与核心素养挂钩的意识，要加入核心素养的元素，明确课程内容和课程实施所培养的核心素养。

以"飞机弹射器设计"课程为例，课程主旨为"设计一台弹射器，使不同质量的飞机均可安全发射"，将关键能力培养归纳为以下四个方面（见表2-2）。

表2-2　关键能力培养——以"飞机弹射器设计"为例

类型	要点
合作能力	1. 在小组分工时学会角色分配，并与队友进行沟通协作； 2. 在遇到问题时，学会协商解决； 3. 呈现设计方案，并向全班同学展示汇报。
认知能力	1. 学会对弹射器原理进行分析，并进行原型表达； 2. 在学习过程中借助计算机相关知识进行资料查询、方案建构； 3. 对设计方案进行陈述并编写说明性文档。
创新能力	1. 培养学生对运动、力学、机械的好奇心； 2. 提出创新的解决方案并进行原理阐述。
职业能力	1. 对课程任务进行进度表制作与跟踪； 2. 对个人学习过程进行记录与评价。

在"飞机弹射器设计"案例中，学生针对不同质量的飞机，改变材料和结构设计不同的弹射器，以实现飞机的安全发射。

（二）体现 STEM 课程的课程属性

STEM 课程的课程属性与科学、技术、工程、数学等各学科课程密切相关，同时又兼具跨学科属性。这要求教师在设计课程目标时，首先要注重与各学科的密切关联，突出不同学科在 STEM 课程中的特性。比如，关联到科学时应更加关注科学的自然探究，认识到自然探究是探究自然界的方式，自然探究是一种探究的方法，而知识是暂时的、动态的；技术作为分析世界、接触世界以及组织知识的工具，用来支持、指导、延伸使用者思考的过程；工程着重于解决问题的方案，它的核心概念是系统、资源、制约条件、优化和权衡、过程与控制等，能够帮助学习者从自身经历中学习，从他人的案例中学习；数学可以提供一种在其他学科进行描述或建模的方法，对事物或问题进行抽象、量化，并进行模型构建，在反复的推理中寻找并表达规律（见图 2-2）。

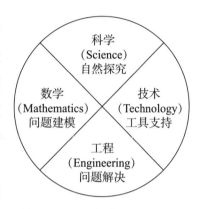

图 2-2　STEM 的学科与内涵

其次，与单一的科学、技术、工程、数学学科不同的是，STEM 课程更强调三点：一是跨学科，强调跨学科知识和概念的掌握与应用；二是真实性，强调真实问题解决技能的培养；三是开放和协作，强调基于项目实践的团队协作（见图 2-3）。

图 2-3　STEM 课程的主要教学内容

STEM 课程的本质属性要求我们在设计其课程目标时，考虑以下两个要素。

1. 跨学科知识和概念的掌握与应用

跨学科概念一般与人文、历史、环境、社会、全球发展等密切相关，具有综合性和常论常新的特点（夏雪梅，2018）。STEM 课程的跨学科概念是在科学、数学和技术领域中反复出现的重要概念，这些概念超出学科界限，在说明事物、创造理论以及观察和设计时发挥着重要的作用（美国科学促进协会，2001）。全面系统地理解跨学科概念，需要进行学科之间的交叉渗透，以及在学科之间反复强化并建立起有机有效的联系。同时，对跨学科知识和概念的反复教学也会促进对于学科概念的深入理解。

由此，在进行 STEM 课程教学目标设计时，所涉及的概念应该从单一学科的核心概念上升到跨学科概念，在教学目标设定时考虑学科核心概念之间的交叉联系，从而确定 STEM 教学目标中的跨学科知识。

2. 问题解决技能的培养

STEM 课程基于真实的问题情境，以问题为导向，以项目为主导，学生通过科学探究与发现、工程设计与制作、数学建模与计算、技术实践与应用的方式对他们感兴趣的项目进行有意义的实践探索，最终制作完成一个工程制品并进行测试与迭代（见图 2-4）。由于课程是基于学生兴趣进行的自主选择，并且强调学生自主合作探究，教师更多的是进行指导和建议，而非讲解和管理，从而使学生能够在创设的情景下进行高阶思维的培养和技能的提升，发展出与STEM 课程内容相匹配的科学探究与发现、工程设计与实施、数学建模与计算、技术实践与应用等多项技能。

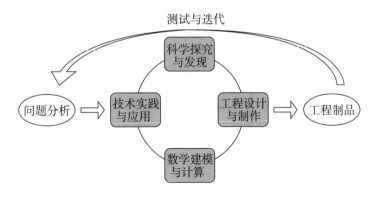

图 2-4　STEM 的问题解决过程

科学探究与发现是科学家验证科学假设与获取科学知识的主要途径，培养学生科学探究与发现技能是 STEM 教学的重要内容。工程设计与制作是当今人类生活和生产实践的重要组成部分，STEM 教学希望学生能够对具体的工程设计要素进行分析，经历工程设计的一般过程，通过简易的工程设计实践形成系统思维、设计思维与工程思维。数学建模与计算强调对现实问题进行数学抽象，用数学语言表达问题、用数学方法建构模型解决问题。数学模型搭建了数学与外部世界联系的桥梁，是数学应用的重要形式，数学建模是应用数学解决问题的基本手段，也是推动数学发展的动力。技术实践与应用是用技术改变生活以适应其自身需求的方式，是用来拓展人类能力以满足需求的过程与知识的集合。

STEM 的探究与工程设计循环见图 2-5（杨洋，2018）。

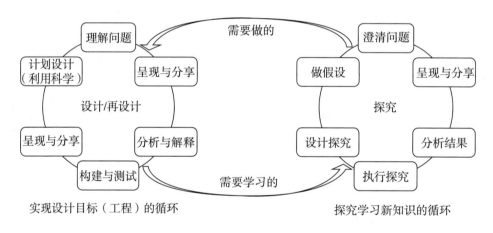

图 2-5　STEM 的探究与工程设计循环

以面向小学五年级学生开展的"制作湿度监测装置"的 STEM 项目为例，可以参考对应学段的课程标准等内容将教学目标进行技能分类（见表 2-3）。

表 2-3 技能培养——以"制作湿度监测装置"为例

技能类型	要素	目标
科学探究与发现	提出问题	在教师引导下，能发现学校书籍发霉的现象，并思考影响霉菌生长的非生物因素。
	作出假设	能基于资料及地区信息，对发霉的现象进行简单解释，并推测可能影响霉菌生长的非生物因素（温度、湿度、光照等）。
	制订计划	能制订探究计划来验证空气湿度对书籍发霉的影响，并对比不同湿度环境下书籍状态的差异。
	收集数据	能通过实验表格收集测量数据。
	处理信息	能对表格数据进行处理，生成折线图或其他统计图表。
	得出结论	能基于前置知识和实验数据，得出湿度与发霉情况有关的结论，并得出适宜保存书籍的湿度数据。
	表达交流	能完整陈述自己的探究过程，并以实验总结报告的形式表述出来。
	反思评价	能对实验探究的整个过程进行反思，进行自我评价与调整。
工程设计与制作	定义问题	能说明湿度监测装置的需求，对湿度监测装置的使用、材料、成本等条件进行限制。
	形成可能的方案	能够分析现有的资源，设计针对问题的解决方案，使用不同媒介表达自己的创意。
	改进设计	能针对不同因素开展测试，发现模型中不足的地方并提出改进和完善建议。
数学建模与计算	探究及测试阶段的数学应用	能够识别方案中的重要数据，并对湿度与发霉情况进行统计和记录，以筛选出最适宜保存书籍的湿度条件。
技术实践与应用	培养学生应用设计过程的能力	1.能收集、分析、整合湿度监测场景的信息，发现图书馆场景下的装置制约条件，构思装置； 2.能设计湿度监测装置来解决场景问题，对不同的设计方案进行检验和评价，并进行改进。
	培养学生使用和维	1.能根据自己的设计方案选择合适的材料进行装置制作，并正确地使用工具（钳、螺丝刀等）；

技能类型	要素	目标
技术实践与应用	护技术产品与系统的能力	2.能使用数字和单词及专有名词来进行技术实践中的口头和书面沟通。

综上所述，STEM课程目标设计应该考虑STEM课程的诸多特征，这些特征需要有鲜明的STEM课程烙印。在设计课程目标时，课程开发者须树立教学评一体化的理念，为后续的课程活动设计以及评价体系规划打下基础。

（三）基于教学评一体化的要求

教学目标对于学生可以获得的学习成效进行预期估计，因此目标实现与否是评判教学是否有效的重要依据，而教学目标的制定也影响着整个课程的设计以及教学过程各要素的组织与实施。

为避免教师与学生在课程中出现无法明确教学概念、确保学习效果、达成学习目标等问题，教师可使用"逆向设计"的概念和方法引导课程设计的整个流程，即在考虑如何开展教学活动前，先思考计划达成的目标是什么，以及哪些证据可以表明学习达到了目标，也就是先关注学习期望，然后找寻合适的教学行为（Wiggins et al., 2005）。因此，在对课程目标进行设计时，同步考虑STEM课程评价开展的实操性、可行性也十分关键。不同的课程活动往往对应学生不同的课堂行为反应，教师需对不同的反应行为有针对性地开展评价。

一门课程从目标到评价，会经历课程活动以及对应的课堂反应（见图2-6）。结构清晰且良好的课程目标，有助于降低整体项目开展的复杂性，从而让评价变得可行。例如，若需要学生理解相关知识内容，课程活动可以是阅读或背诵，而对应的评价方式可以是填空和简答类试题；若是需要考查学生的动手能力，课程活动可以是基于指定材料进行搭建，最终作品的创造力、完成度等目标可直接作为课程的评价指标。

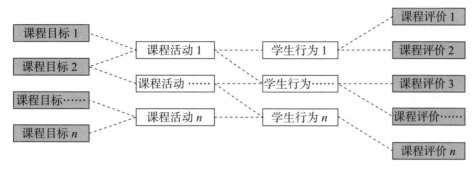

图 2-6　依据对应目标的学生行为进行课程评价

在进行 STEM 课程开发时，多层次、多类型的目标设计是必要的。在学生学习结束后，应该能够知道、理解和实践相关内容，并在表现和作品中加以体现。同时，目标也提醒着教师，如果课程评价的反馈表明可能无法取得预期的效果，那么课程实施者需要调整正在进行的课程，修订课程目标。

二、STEM 课程目标设计框架

基于前述课程目标确定的依据，本书从"学科知识""学科技能""关键能力""责任态度"四个维度建立 STEM 课程目标设计框架。其中，学科知识包含单一学科知识和跨学科知识；学科技能包含科学探究与发现、工程设计与制作、数学建模与计算、技术实践与应用等主要技能；关键能力包含认知能力、合作能力、创新能力和职业能力；责任态度包含求真、实证、批判性思维与社会责任（见表 2-4）。

表 2-4　STEM 课程目标设计框架

学科知识	单一学科知识
	跨学科知识
学科技能	科学探究与发现
	工程设计与制作

学科技能	数学建模与计算
	技术实践与应用
关键能力	认知能力
	合作能力
	创新能力
	职业能力
责任态度	求真
	实证
	批判性思维
	社会责任

在具体的教学设计与实践中，并非每一门课程都会囊括以上所有目标。不同的课程会在不同的角度有所侧重，这体现在课程目标当中即学科知识、技能以及相关能力的差异。因此，教师在进行课程设计时，可依据课程具体需求、课时限制以及学生素养等情况，酌情对课程内容进行计划和准备。

（一）学科知识

洛林·安德森（Anderson，2001）的知识分类框架将知识分为以下四种：事实性知识指学生通晓一门学科或解决问题所必须了解的基本要素；概念性知识指在一个更大的体系内共同产生作用的要素之间的关系，包括分类和类别的知识、原理和通则，以及理论、模型和结构的知识；程序性知识指做某事的方法、探究的方法，以及使用技能、算法、技术和方法的准则；元认知知识指关于认知的知识以及关于自我认知的意识和知识，包括策略性知识和关于认知任务的知识、适当的情境性和条件性知识、自我知识。

1. 单一学科知识

在确定单一学科的教学目标时，可以从事实性知识和程序性知识上升到概念性知识，体现前两者的知识点是最容易在教学中进行把控的，是最小单位的知识。将一定程度和数量的事实性知识与程序性知识大量综合会指向或合成具体课程领域的学科概念，若干个学科概念经过若干个层级的综合会形成学科的核心概念。如："对于任何特定的环境，某些种类的生物体能很好地生存，有些生存得较差，有些根本无法生存""生物种群生活在各种各样的栖息地中，栖息地的变化会影响生活在那里的生物体""几乎任何一种动物的食物都可以追溯到植物，生物在食物网中相互联系"，这些概念都指向"生物演化：统一性与多样性"这一学科核心概念，这也是我们在教学时需要以学生的预期表现来观察理解的。

STEM 课程设计中涉及的学科核心概念应该满足以下要求：

（1）具有广泛的跨学科性并能体现工程学的重要性，或遵循一个单一学科的关键组织原则；

（2）能为理解或调查更复杂的思想和解决问题提供重要工具；

（3）涉及学生的兴趣和生活经历，或与社会或个人相关的需要科学或技术知识解决的事情；

（4）可以随着深度和复杂程度的提高在多个年级开展教学，即此概念能使年轻的学生充分理解，又有足够的深度和广度让学生能够进行持续数年的调查研究。（夏雪梅，2018）

在这一判断标准下，美国的《新一代科学教育标准》列出了若干科学、技术、工程相关的学科核心概念。

另外，我国各教育阶段的科学、数学、物理、化学、生物学、通用技术、信息技术课程标准中，也体现出了科学、数学、技术、工程相关的学科核心概念要求。由于义务教育与高中教育阶段没有单独列出的工程或技术学科，在确定工程与技术的学科目标时可以参考科学及其他课程标准中关于工程和技术的课程目标，例如，《义务教育科学课程标准（2022 年版）》中设置的技术、工程与社会和工程设计与物化的学科核心概念。

2. 跨学科知识和概念

跨学科概念需要通过不同学科的内容进行支撑和支持以被深入理解，一般与人生、历史、环境、社会、全球发展等密切相关，具有永恒性、综合性和常论常新的特点。跨学科概念是在科学、数学和技术领域中反复出现一些重要的概念，这些概念超出学科的界限，在说明事物、创造理论以及观察和设计时发挥着重要的作用（美国科学促进协会，2001）。全面系统地理解跨学科概念要进行学科之间的交叉渗透，以及在学科之间反复强化并建立起有效的联系。同时，对跨学科知识和概念的反复教学也会促进对于学科概念的深入理解。

《义务教育科学课程标准（2022 年版）》的课程内容中设置了物质与能量、结构与功能、系统与模型、稳定与变化等跨学科核心概念。美国国家研究委员会发展的《K-12 科学教育框架：实践、跨学科概念和学科核心概念》（*A Framework for K-12 Science Education: practices, crosscutting concepts, and core ideas*）中提出了七个跨学科概念：①模式；②原因与结果；③尺度、比例与数量；④系统与系统模型；⑤系统中的能量与物质；⑥结构与功能；⑦系统的稳定与变化。这些跨学科概念旨在给学生一个用于理解世界的组织架构并帮助学生跨学科、跨学段地理解和连接学科核心概念。国际文凭（International Baccalaureate, IB）课程提出了小学阶段的八大概念——形式、功能、原因、变化、联系、观点、责任、反思；中学阶段的 16 个重要概念——审美、变化、交流、社区 / 群体、联系、创造、文化、发展、形式、全球互动、特征 / 认同、逻辑、观点、关系、系统、时间地域和空间。国际文凭组织对其中的每一个概念进行了界定，并说明了其在不同学科中的独特内涵。

（二）学科技能

1. 科学探究与发现

科学探究是科学家验证科学假设与获取科学知识的主要途径，培养学生的科学探究与发现技能是 STEM 教学的重要内容。

《义务教育科学课程标准（2022 年版）》对"科学探究与发现"的技能要求体现在"探究实践"的学科素养中，其素养发展总目标为：掌握观察、实验、测量、推理、解释等基本的科学方法；形成科学探究的意识，理解科学探究是探索和了解自然、获得科学知识、解决科学问题的主要途径，理解科学探究涉及提出问题、作出假设、制订计划、搜集证据、处理信息、得出结论、表达交流和反思评价等要素，具有初步的科学探究能力。

《普通高中物理课程标准（2017 年版 2020 年修订）》中关于高中阶段"科学探究与发现"的课程目标为：具有科学探究意识，能在观察和实验中发现问题、提出合理猜想与假设；具有设计探究方案和获取证据的能力，能正确实施探究方案，使用不同方法和手段分析、处理信息，描述并解释探究结果和变化趋势；具有交流的意愿与能力，能准确表述、评估和反思探究过程与结果。在学业质量中，关于"科学探究与发现"的要求为：能面对真实情境，从不同角度提出并准确表述可探究的物理问题，作出科学假设；能制订有一定新意的科学探究方案，灵活选用合适的器材获得数据；能用多种方法分析数据，发现规律，形成合理的结论，用已有物理知识作出科学解释；能撰写完整规范的科学探究报告，交流、反思科学探究过程与结果。

《普通高中化学课程标准（2017 年版 2020 年修订）》中对于高中阶段"科学探究与发现"的技能要求为：（1）初步学会收集各种证据，对物质的性质及其变化提出可能的假设；基于证据进行分析推理，证实或证伪假设；能解释证据与结论之间的关系，确定形成科学结论所需的证据和寻找证据的途径；能认识化学现象与模型之间的联系，能运用多种认知模型来描述和解释物质的结构、性质和变化，预测物质及其变化的可能结果；能依据物质及其变化的信息建构模型，建立解决复杂化学问题的思维框架。（2）能发现和提出有探究价值的化学问题，能依据探究目的设计并优化实验方案，完成实验操作，能对观察记录的实验信息进行加工并获得结论；能和同学交流实验探究的成果，提出进一步探究或改进的设想；能尊重事实和证据，破除迷信，反对伪科学；养成独立思考、敢于质疑和勇于创新的精神。

另外，《新一代科学教育标准》也提出了与概念对应的科学实践要求，如关于对力与运动的理解，要求学生的预期表现为：观察并测量物体的运动，证明使用一种模式可以预测未来的运动状态；其对应的科学实践为，提出基于一定发展模式的可探究的问题。

2. 工程设计与制作

工程设计与制作是当今人类生活和生产实践的重要组成部分，STEM教学希望学生能够简要分析具体的工程设计要素，经历工程设计的一般过程，通过简易工程的设计实践形成系统与工程思维。

在义务教育学习阶段，与工程设计与制作相关的技能目标在《义务教育科学课程标准（2022年版）》技术与工程领域中的体现，包括：理解技术与工程涉及明确问题、设计方案、实施计划、检验作品、改进完善、发布成果等要素，具有初步的技术与工程实践能力；能根据自身特点制订合理的学习计划，监控学习过程，反思学习过程与结果，具有初步的自主学习能力。

在《新一代科学教育标准》中，工程设计的核心概念在K-12阶段均为定义问题、形成可能的方案、改进设计，但其含义与要求在不同学段有所不同。

3. 数学建模与计算

数学建模是关于对现实问题进行数学抽象、用数学语言表达问题、用数学方法构建模型解决问题的素养。数学模型搭建了数学与外部世界联系的桥梁，是数学应用的重要形式。数学建模是应用数学解决实际问题的基本手段，也是推动数学发展的动力。另外，培养学生的运算能力有助于学生理解运算的算理，寻求合理简洁的运算途径进而解决问题。因此，对于学生数学建模与计算的学科技能培养是 STEM 课程的重要目标。

《义务教育数学课程标准（2022 年版）》中对于学生数学建模领域的培养要求体现在"会用数学的语言表达现实世界"的学科核心素养中，其培养目标为：通过经历用数学语言表达现实世界中的简单数量关系与空间形式的过程，初步感悟数学与现实世界的交流方式；能够有意识地运用数学语言表达现实生活与其他学科中事物的性质、关系和规律，并能解释表达的合理性；欣赏数学语言的简洁与优美，逐步养成用数学语言表达与交流的习惯，形成跨学科的应用意识与实践能力。

《普通高中数学课程标准（2017 年版 2020 年修订）》中对于该学段学生在"数学建模与计算"的学科技能上的要求为：通过高中数学课程的学习，能有意识地用数学语言表达现实世界，发现和提出问题，感悟数学与现实之间的关联；学会用数学模型解决实际问题，积累数学实践的经验；认识数学模型在科学、社会、工程技术诸多领域的作用，提升实践能力，增强创新意识和科学精神。在数学运算方面的技能要求为：能进一步发展数学运算能力；有效借助运算方法解决实际问题；通过运算促进数学思维发展，形成规范化思考问题的品质，养成一丝不苟、严谨求实的科学精神。

另外，美国的《州共同核心数学标准》确定了八项数学实践标准，其中第四项为"使用数学进行建模"，并解释了数学建模的内涵，确定了不同阶段的对应要求：在低阶段，学生可以使用一个简单方程来描述日常生活问题并解决；在初中阶段，学生可以运用比例等推理来分析社区问题；在高中阶段，学生可能会使用函数来解决问题，学生可以运用他们的知识作出假设并简化复杂的情况，能够识别实际情况中的重要数量，并使用图表和公式等工具来绘制它们之间的关系，能够改进模型以解决问题。

4. 技术实践与应用

技术是人们改变生活以适应他们自己的需要的方式，指人们用来拓展人类能力以及满足人类需要和欲望的过程和知识的集合。由此，技术自诞生之初就与人类改造世界的实践密不可分，技术实践与应用的学科技能在 STEM 教学目标中也至关重要。

如上所述，技术的相关技能目标也体现在了《义务教育科学课程标准（2022年版）》"技术、工程与社会"中，如"学会使用锤子、安全剪刀、放大镜等简单工具；应用身边的材料和工具，制作简单的手工作品"（1—2 年级）和"应用仪器设备进行观察并进行记录"（5—6 年级）等。

在高中学段，《普通高中通用技术课程标准（2017 年版 2020 年修订）》也对于"技术设计与实践"提出了要求。在技术与设计 1 和 2 的必修课程中，技术部分的内容涵盖了技术设计过程、工艺及方案实现、技术交流与评价、结构及其设计、流程及其设计、系统及其设计、控制及其设计这些与技术实践与应用相关的教学内容目标。

关于技术的学科技能标准表述得比较完善的是《美国国家技术教育标准》，其中学生"应对技术世界所需的能力"（即涉及技术世界所需的重要能力）中涵盖了学生在不同学段应当培养的技术技能，包括应用设计过程的能力、使用和维护技术产品与系统的能力、评估产品与系统之影响的能力（国际技术教育协会，2003）。

（三）关键能力

"关键能力"一词在 20 世纪 70 年代就已为学者们所关注。1974 年，德国职业教育家梅腾斯（D. Mertens）认为"关键能力"是一种跨职业的能力，是具体专业能力以外的能力，这种能力超出了专业技能和知识的范畴，是方法能力、社会能力和个人能力的进一步发展，它对从业者的未来发展起着关键性作用。20 世纪 80 年代，德国学者雷茨（L. Reetz）和劳尔·恩格斯（Laur

Ernst）对"关键能力"进行进一步拓展，使其从抽象的理论成为具有实际表现的职业教育内容（徐朔，2006）。20 世纪 90 年代，英国资格与课程局确定的职业教育关键能力包括了交流、数字应用、信息技术、与他人合作、学习与业绩的自我提高、问题解决等六项（关晶，2003）。2017 年，我国印发的《关于深化教育体制机制改革的意见》中提出，要注重培养支撑终身发展、适应时代要求的关键能力，其中包括认知能力、合作能力、创新能力和职业能力。

可以看出，"关键能力"关注人们在社会生活中所需的一些普适能力，对关键能力的培养有助于学生更好地融入当下和未来社会。这些能力较为具体，体现了教育实施的可操作性。要通过对"关键能力"的培养，帮助学生成为一个高效的问题解决者，使他们在学习过程中结合课程开展、课后反思、项目日记、小组讨论等，形成良好的思维习惯。

（四）责任态度

中国学生发展核心素养以培养"全面发展的人"为核心，充分体现了新时代对人才培养的要求。若在 STEM 课程设计与实施过程当中，学生仅仅能够获取其探究或实践的结论，而忽视了过程中的理解和体验，那么他们就难以把握科学方法、科学精神等十分关键的内容。中国学生发展核心素养中的科学精神主要是学生在学习、理解、运用科学知识和技能等方面所形成的价值标准、思维方式和行为表现。因此，科学的责任与态度是在学生理解知识点内容、认同科学的价值观的基础上，面对项目活动内在态度的外在表现。

STEM 课程强调基于现实生活中出现的真实问题，引导学生逐步形成解决的思路与方法，并在过程中激发学生对世界的理解。中国学生发展核心素养中的社会参与，重在强调能够处理好自我与社会的关系，养成现代公民所必须遵守和履行的道德准则与行为规范，增强社会责任感，提升创新精神和实践能力，促进个人价值实现，推动社会发展进步，发展成为有理想信念、敢于担当的人。结合 STEM 课程的主旨与实施流程，需要学生能够在合作过程中有团队意识和互助精神；能够对自我和他人负责；能够明辨是非，具有规则意识，能维护社会的公平正义；能够乐于参与公益与志愿服务；能够热爱并尊重自然，具有绿色生活方式和可持续发展的理念。

同时，在《义务教育课程方案和课程标准（2022 年版）》中，科学、化学、生物学与物理等学科均对态度责任进行了明确描述，如科学态度体现在：具有好奇心和探究热情，乐于探究和实践；能大胆提出自己的见解，并基于证据和逻辑得出结论；不迷信权威，敢于大胆质疑，追求创新；善于与他人合作和分享。社会责任体现在：热爱自然、珍爱生命，具有保护环境、节约资源、推动生态文明建设和可持续发展的责任感；能对与科学技术相关的社会热点问题作出正确的价值判断，遵守科学与技术应用的公共规范、法律法规和伦理道德，维护自身和他人的合法权益，捍卫国家利益。这与核心素养中的要求及 STEM 课程的培养目标十分契合，课程标准中有分学段特征与要求描述，教师可在具体目标编写时，参考对应学段内容，进行细化与延伸。

第二节　STEM 课程目标设计：原则及要求

作为导向预期结果的学习目标，其确定对于课程及教学设计十分重要。STEM 课程目标设计要遵循目标设计的一般原则，也要按照目标描述行为化、体现学科大概念、学科技能操作化的具体要求来进行（见图 2-7）。

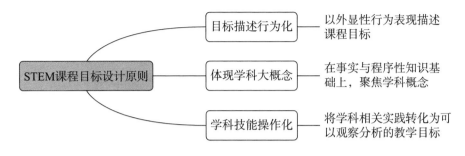

图 2-7　STEM 课程目标设计原则

一、STEM 课程目标确定原则

制定 STEM 课程目标时，开发者需要识别学生的发展现状、认知结构和能力水平，并关注以下三点：可实现、可操作、可测量。

（一）可实现

首先，目标需要对学生已有的技能进行合理判断，符合学生的认知水平和学习规律。要避免目标设置得过高或过低，使得后续的教学活动难以设计，或是学生无法对课堂情景进行探索和体验。对于学生来说，如果任务看起来很复杂、很陌生，且没有提供任何的处理方法和实践线索，即使之前学习到了一些新的知识内容或相关的技术方法，依然很难成功，那么该任务对于学生而言就是不可能完成的。因此，目标设置需要让学习者明白问题和任务是什么，并按照已有知识经验来解决。

同时，目标要考虑学校所处地区及校内的相关资源、学校的办学理念，确保目标可以和学生的全面而个性化、多样化发展关联起来。

另外，要充分考虑课程活动对课程目标实现的支撑。有些课程目标自身虽然很重要，但却没有现实可行的活动来支撑它的实现，这种情况下就需要对课程目标仔细斟酌。

（二）可操作

课程目标是一个系统，包含很多复杂的内容，这就需要将内容中的抽象概念具体化，使之成为看得见、摸得着、能测量、能评价、具有可操作性的目标，学科知识及跨学科知识、能力的链接整合要清楚明白、不混乱。目标的可操作还体现在其主体必须是学生而不是教师。另外，抽象的目标无法观察，也无法检查。所以教学目标中的行为动词必须是具体的、外显的、可操作的，目标对应的行为必须是可以观察的。

（三）可测量

课程目标不仅是课程实施过程的指南，也是评价课程实施结果的依据。目标所对应的行为必须可评估、可把握。设定合适表现性任务目标需要对应选择或设计相应的评价指标，指标应强调工作中最具启发性和最重要的部分，而不依赖于容易观察到的部分，正如我们需要从目标中衍生出评估一样，我们也需要从目标中导出指标。

目标的设计其实暗含着评价中所需要的指标。例如，如果我们设定的目标为科学探究，那么学生的理解程度可能会形成表 2-5 中所体现的维度差异（Wiggins et al.，2005）。可以看出，目标会建立外显行为到内隐思维的关联，通过参数化的形式进行两者之间的指向性建模，有利于教师对学生的知识获取、技能与能力的提升情况进行评价。

表 2-5　学生理解的不同维度——以"科学探究"教学目标为例

序号	不同维度的学生理解
1	能够对事物进行简单描述并给出反馈，如举例、讨论、绘图等。
2	能对收集的数据形成自己的意见，在教师帮助下用关键文字找到信息。

序号	不同维度的学生理解
3	能够对如何找到问题和答案提出自己的意见和想法。
4	能够意识到科学的概念都是建立在证据的基础之上的。
5	能够有机结合实验数据和创造性想法，得出科学的解释。
6	能够描述支持公认的科学思想的证据，说明科学家对这些证据的解释如何引发新的思想。
7	能够在科学理论的基础上作出假设，并能够给出为验证假设所收集到的证据案例。
8	能够对科学解释或模型给出示例。
9	能举出例子，说明科学的解释和模型是怎样被随后的实验所挑战的，解释证据在修正科学理论时的重要性。

二、STEM 课程目标叙写要求

（一）目标描述行为化

你怎样知道学生"理解了光合作用这一过程"？

你怎样确定学生"掌握了解决一元二次方程的方法"？

你怎样确定学生"知道工程的基础是设计"？

传统的教学设计中以学生应该"知道"或"理解"等来描述教学目标，但我们需要一个对学生某种能力的准确描述（表现性目标），来将这些目标解释为可以被评价的表现。表现性目标不仅要充分表达学习者应当知道、应当会做、应当体会到的东西，而且要明确学生在何种限制因素和制约条件下做，要达到什么层级水平及量化指标。如果学生达成了目标，那么就可以通过学生的行为表现观测到学生的学习成果，从而确定学生是否拥有了目标中描述的某种能力。

另外，我们还需要从学生的深度学习角度审视自己设计的目标，例如，学生仅需要知道声音产生的原因和变化，还是需要能够说明这两者的因果关系？他们仅需要记住一份罗列知识的清单，还是需要能够将知识系统组织起来？很显然，我们希望是后者。

可以参考布卢姆教育目标分类学，将目标以对学习者期望的形式表达和描述出来，把对于学生行为的不同要求与不同的认知维度要求对应起来，厘清目标中的记忆、理解、应用、分析、评价和创造维度。

按照布卢姆的目标分类，有研究者把课堂教学中学生对核心知识的理解和运用这一目标确定了以下几个评价层级（见表2-6）。

表2-6　学生对核心知识的理解与运用评价层级

观察内容	频次	百分比	排序
1．用自己的话去解释、表达所学的知识			
2．基于这一知识作出推论和预测，从而解释相关的现象、解决有关的问题			
3．运用这一知识解决变式问题			
4．综合几方面的知识解决比较复杂的问题			
5．将所学的知识迁移到实际问题中去			

现在，你如何评价"理解电路的概念"这一教学目标的设计？

我们要问的第一个问题是：我们需要的是"学生能陈述电路是什么"吗？很明显我们期望的不是学生获得一些自己能够重复的言语信息。那么这里需要的是"当给出若干例子时，学生可以区分电路与非电路"，这个能力也恰好可以与理解分类这一认知过程联系起来。但这种情况下仍然无法确定学生是否达成了我们期望的理解，学生可能只是发现了两者在电路闭合上的差别。我们希望学生理解的电路概念与电流的流动有关，即电路是一个电子组件按照一定方式连接起来，为电荷流动提供路径的回路。我们需要学生能够在情境中接通一个电路以体现这种理解能力的获得。由上述推理，我们的目标设计如下：学生能够用导线连接电源和电器以形成导电回路，以此演示电路的生成。

以此为例，在一个面向五年级学生的简易太阳能热水器的STEM项目中，关于科学学科事实性知识的教学目标可以描述如下：（1）学生能列举出一些以热能作为能量来源的应用场景——理解热是能量的一种表现形式；（2）学生能在合适的应用场景中选择合适的导热材料——认识材料的导热性能；（3）学生能使用太阳加热并记录一天中某液体的温度变化——认识摄氏度作为温度的计量单位，认识测量温度的方法，知道太阳能是一种可以利用的能源，知道太阳能中包含热能；（4）学生能使用不同加热方式实现温度较低的固体或液体的加热——理解热可以从温度高的物体传向温度低的物体。

（二）体现学科大概念

STEM教学过程会涉及不同学科的知识以及知识的不同类型，我们需要在教学目标中鲜明地体现出哪种知识类型的认知类别要求呢？

学习科学领域将知识分为事实性知识、概念性知识、程序性知识和元认知知识。在这四类知识中，事实性知识与概念性知识都是涉及"什么"的知识，两者的区别在于：事实性知识是分离的、孤立的内容要素形式的知识，而概念性知识体现的是更大的、更为结构化的知识系统。事实性知识和程序性知识最容易在教学中进行把控，是最小单位的知识。一定程度和数量的事实与程序性知识大量综合会指向或合成具体课程领域的学科概念性知识，若干个学科概念经过若干个层级的综合会形成学科的核心概念（见图2-8）。

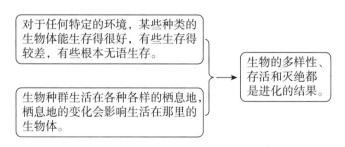

图2-8　生物进化的事实性知识与概念性知识

这一事实性知识和概念性知识的区别可以与认知心理学及学习科学中对这两类知识的区分对应起来，即把"信息片段"形式的知识与一般的模型和理论区别开来，后者有助于人们以互相联系的、系统化的方式组织知识。

同时，许多研究表明，学生无法把在课堂获取的事实性知识建立重要的关联，或者不能在这些事实性知识和学科的概念之间建立起联系，对知识的学习停留在浅表化、碎片化层面，不能应用课堂上的事实性知识来理解生活经验、来解决真实问题。这就是"惰性"知识的问题，即学生确实获得了大量的事实性知识，但没有真正融会贯通，也无法系统地组织起来。

学生学会学习的关键就在于形成概念性的思维，运用概念来整合思维从而进行迁移。因此，基于概念性知识远比孤立的事实性知识更有条理、更具有综合性以及系统化的特征，STEM 教学需要在基础的事实性知识和程序性知识上，聚焦于概念性知识。这也为我们的课程目标设计提出了体现学科大概念的设计要求。

以此为例，在一个面向五年级学生的简易太阳能热水器的 STEM 项目中，结合科学学科概念性知识的教学目标可以描述如下：（1）学生将使用图表等形式解释自制热水器系统内的能量流动与转化（系统与能量）；（2）学生将结合观测使用模型或图表确定太阳光对地球表面的影响（能量守恒与能量传递）。

（三）反映规范且丰富的实践历程

目前的很多教学过程会将 STEM 教学看作一个项目流程来设计：从了解背景、阅读资料开始，经历过程中的探究与制作，到呈现最终的项目作品结束。学生按部就班地完成项目的整个流程，容易形成关于 STEM 教学的刻板思维。

丰富而规范的 STEM 学习历程包括以下几点。

1. 基于深度学习以及可迁移和拓展的实践

这些实践不仅仅是文献资料的查阅，也不是仅动手制作项目作品的实践，是带有假设、思考、验证概念，整合了技能与态度的行动。深度学习可以帮助学生将课堂上学到的知识应用到其他不同但相似或相关的情境中。例如，在体育运动中，当学生经历学习实践，体会到"防御的时候我们需要防卫任何可能被进攻的空间"这个概念的时候，学生就可以不仅仅将其应用到在三三对抗演练时教学的几个位置上，还可以在其他任何体育领域中使用。又如在工程设计的学习实践中，学生经历了定义问题的成果标准、约束条件、成本、时间等的实践内容，可以将其迁移到任何工程设计问题的定义问题环节中使用。

2. 多样的实践组合

真实世界中的问题解决从来不是一组孤立的实践探究过程，真实世界中也不存在单一角度看待和处理问题的方法，以真实世界情境为背景的问题解决过程是多样的实践组合。

3. 有机联结和整合不同学科

科学实践需要让学生理解科学原理的探究与发现过程，所以我们要提供机会允许学生进行证据收集与解释；而工程实践作为解决特定需求的实践，学生需要在其中经历定义问题、产生可行的方案到解决问题与评估实践的过程，这个过程中会同时产生技术应用与产品维护的实践；另外，数学相关的实践是比较容易被忽视的，学生应当经历使用数学理解问题、抽象问题与建模并进行定量推理的实践。这些才是相关领域的专家在处理专业问题时的主要行动形态。

比如，在一个面向五年级学生的简易太阳能热水器的 STEM 项目中，科学探究实践活动的教学目标可以描述如下：（1）学生能够在教师引导下发现向阳处与背阴处的温度差别并思考原因（提出问题）；（2）学生能基于能量转化与热传递初步提出太阳能影响材料温度变化的转化关系，并进行简单解释

（作出假设）；（3）学生能制订探究计划来验证太阳热能转移为材料热能，并探究不同材料表面的转化程度及效率（制订计划）；（4）学生能设计实验的数据记录形式并收集测量数据（搜集证据）；（5）学生能对实验数据进行处理，生成折线图或其他统计图表（处理信息）；（6）学生能基于前置知识和实验数据，得出热能可以在物质间转移的结论，并找出热转化效率最高的材料（得出结论）；（7）学生能完整讲述自己的探究过程，能以实验总结报告的形式表述出来（表达交流）；（8）学生能对实验探究的整个过程进行反思，进行自我评价与调整（反思交流）。

第三节　STEM 课程目标设计：案例及示范

一、案例 1：制作育种培育箱

本案例为面向五至六年级学生的 STEM 课程，课程的核心内容是种子萌发，课程任务是在探究植物种子萌发条件的背景下，制作满足育种条件的培育箱，引导学生经历 STEM 学习实践并理解相关概念。本案例的课程目标设计见表 2-7。

表 2-7　"制作育种培育箱"课程目标设计

目标分类		目标描述
学科知识	单一学科知识	1. 学生将结合教师提供或自制的图示介绍绿豆种子的主要结构，并说明哪一部位能为种子萌发提供所需养分。 2. 学生将自制图示说明绿豆从种子萌发到开花和结出果实的完整过程，理解生物具有自己的生命周期。 3. 学生将分析不同地区的绿豆种植规律说明不同环境下种

目标分类		目标描述
学科知识	单一学科知识	子萌发和植物生长会受到的影响，结合给出的环境条件定性对比不同条件下种子的萌发速度。 4. 学生将解释空气温度、湿度传感器的工作原理（如何产生输入信号）。 5. 学生将计算种子的发芽率以理解比例，即其可用于计算同类型的两个非零数量的比较关系。
	跨学科知识	1. 学生将分析植物生长过程的能量来源与消耗，认识到能量可以被传入或传出系统。 2. 学生将匹配不同的环境控制条件与硬件设备并认识两者之间存在对应关系。
学科技能	科学探究与发现	1. 学生将在教师引导下，从育种活动中提出可以探究的科学问题，并基于现有的生活经验和知识提出环境条件与育种的因果关系的假设。 2. 学生将能够基于所学知识，制订控制变量的探究计划以探究环境条件对育种结果的影响，选择反映结果、可观测与处理的数据作为证据进行记录。 3. 学生将运用分析、比较、推理等方法得出环境条件与育种的关系，并以实验报告的形式体现完整的实验过程。
	工程设计与制作	1. 学生将能够分析育种箱的制作任务要求、产品限制条件、材料与成本约束等，描述这一设计任务。 2. 学生将能够设计符合要求与限制条件的方案，并以文字、绘图、模型等对设计方案进行表达。 3. 学生将能够完成育种箱的产品制作，并测试验证结果，改进设计。
	数学建模与计算	1. 学生将能够识别探究中的重要数据，建立数据与实验结果的对应关系并进行计算。 2. 学生将能使用图表对观察和实验得出的数据进行转化，直观呈现结果。
	技术实践与应用	1. 学生将能够使用传感器获取对应环境数据，并控制对应的环境条件。 2. 学生将能够完成产品的制作，并进行装置的故障诊断与修复。

目标分类		目标描述
关键能力	认知能力	学生将能够对问题进行定义与分析，搜集图书与网络资源深入了解问题，并进行资料与信息整理。
	合作能力	学生将能够在小组工作中合理分工，求同存异，听取来自团队内部的建议。
	创新能力	学生将能够体现出探究与设计过程中的好奇心，敢于提出创造性的建议并主动进行实践。
	职业能力	学生将能够使用不同管理工具如任务表或甘特图等进行项目进度及时间管理，并记录个人工作内容进展。
责任态度	求真	学生将能够在活动进行中体现出求知欲，并相信可以寻求其客观规律。
	实证	学生将能够在科学活动中保持实事求是的科学态度。
	批判性思维	1. 学生将能够以个人经验与新的信息作为支持，对实验结果进行合理的预测。 2. 学生将能够分辨出探究过程中的事实与意见，并依据提供的标准选择更值得信赖的内容。
	社会责任	学生将能够表现出对于大自然的热爱，能够树立珍爱生命的意识。

二、案例 2：低温保鲜不能少

本案例为面向初一至初二年级学生的 STEM 课程，课程核心内容是热传递，课程任务是在探究不同材料的热传导效应的过程中，制作能够长时保持低温的冰箱，引导学生经历完整的探究与实践过程并理解相关概念。本案例的课程目标设计见表 2-8。

表 2-8 "低温保鲜不能少"课程目标设计

目标分类		目标描述
学科知识	单一学科知识	1.学生将列举出一些以热能作为能量来源的应用场景并讨论其能量转化,以理解内能是能量的一种,并以热量表现出来。 2.学生将使用金属探针测量封闭环境中的温度,以说明热可以在不同物质之间传递,并且可以以温度这一单位进行测量,理解能量转移具有一定的方向性。 3.学生将分析并选择合适的材料制作冰箱,以说明不同材料的传热效率不同。 4.学生将举例生产生活中应用了热传递的人工制品,以了解工程和技术产品改变了我们的生产生活及其带来的具体变化。
	跨学科知识	1.学生将能够追踪能量的流入与流出和其在系统中的流动,理解系统在热能传递中的可能性与局限性。 2.学生将认识能量可以以不同方式在物体之间、系统内部、系统之间传递。
学科技能	科学探究与发现	1.学生将在教师引导下,结合不同材料的传热现象提出可以探究的科学问题,并基于科学原理提出不同材料传热效率的对比关系的假设。 2.学生将能够基于所学知识,制订可行的探究计划以观察不同材料的传热效率对比,选择可观测并反映实验现象的数据作为证据,使用正确术语及图示等进行记录。 3.学生将能对比分析并结合科学原理推理得出不同材料的传热效率对比,以包含文字、图表的实验报告体现完整的实验过程。
	工程设计与制作	1.学生将能够收集信息,分析冰箱的制作任务要求、产品限制条件、材料与成本约束等,结合基于科学原理的可行性描述这一设计任务。

目标分类		目标描述
学科技能	工程设计与制作	2. 学生将能够设计符合要求与限制条件的方案，以文字、绘图、模型等对设计方案进行表达，并判断方案在多大程度上可以满足问题标准，对方案进行评估。 3. 学生将能够完成冰箱的产品制作，确定若干产品的最佳特征，并尝试结合这些特征整合一个成功的新方案。
	数学建模与计算	学生将能够建立变量与证据间的对应关系，并建立函数模型分析以得出结论。
	技术实践与应用	1. 学生将能够安全地使用工具与设备来诊断、调节和修复产品。 2. 学生将能够根据收集的热能来源案例分析其应用的积极与消极影响。
关键能力	认知能力	学生将能够对结合具体场景限制的问题进行定义与分析，结合资料对问题中的模糊选项进行定义。
	合作能力	学生将能够引导小组进行协作，通过沟通与谈判解决实践过程中的冲突。
	创新能力	学生将能够对问题任务提出新的解决方案，并大胆尝试实现方法。
	职业能力	1. 学生将能够在产品设计中体现出人文关怀，尝试针对特定条件下的使用场景设计解决方案。 2. 学生将能够充分吸收他人意见并选择性地改进自己的设计或项目管理。
责任态度	求真	学生将能够在观察现象时表现出学习和研究的求知欲与好奇心。
	实证	学生将能够在实验过程中保持科学研究的态度。
	批判性思维	学生将能够准确使用选定的数据得出相关结论，并通过证据对现象进行解释。
	社会责任	1. 学生将了解科学技术对于人类生活方式和生产方式的影响，以及人类的生活生产可能对环境造成的破坏。 2. 学生将知道节约资源和保护环境的重要性。

第三章　STEM课程内容开发

STEM 课程内容开发原则

STEM 课程内容来源与转化

STEM 课程内容组织与呈现

本章着重介绍STEM课程的内容开发，阐述STEM课程内容开发的原则、来源及其转化，并从活动方案、活动案例、活动支架三个方面呈现课程内容开发的格式和体例，尤其是活动支架的开发能够为师生提供STEM课程高效实施的充分支撑和辅助。

本章学习目标：

1.了解STEM课程内容的来源与转化。

2.把握STEM课程内容的组织与呈现。

第一节　STEM 课程内容开发原则

一般而言，课程目标、课程内容和学习方式是课程设计需要考虑的三个核心要素。没有课程内容，课程目标形同虚设；没有适合的学习方式，课程内容难以有效落实。内容开发是 STEM 课程建设的关键和突破口。相对于学科课程而言，STEM 课程没有正式出台的"课程标准"，也没有固定教材作为依托，课程内容更多地有待教师自己建构。如何将生活世界中五花八门、凌乱无序的问题转化为 STEM 课程，并开发遴选出一些恰当的 STEM 项目引导学生开展 STEM 学习，这是 STEM 教师开展教学面临的一大难题。

STEM 课程的课程属性决定了其课程内容的基本特征，即内容开发的主体是学校和教师，内容设计应更具弹性、更适宜学生选择，内容选取要考虑地域性。结合以上特征，STEM 课程开发在内容设计与选择上，应该遵循以下原则要求。

一、因地制宜，因材开发

杜威认为教育不能脱离现实环境，不能孤立地、抽象地训练学习者的思维力。STEM 课程建构的现场在学校，责任主体是教师，应因地因校因生制宜。首先，学情分析、资源分析是 STEM 课程内容开发的基础。只有真正了解学生的现有知识结构、学习动机、兴趣点、思维发展状况、认知状态和发展规律、生活环境、学生个性特长及其发展规划等，才能开发出满足学生终身发展和可持续发展需要的课程。

其次，教师要将地方资源融入 STEM 课程中，深入挖掘或开发当地的传统文化、风俗习惯、历史文化、社会生活、名胜古迹、自然风貌、人文景观等资源，这些都是最为宝贵的资源和财富。

例如，深圳市盐田区东和小学的学生们发现很多地方都有舞龙、舞狮、舞鳌鱼灯等传统文化，但大城市过年的时候很少有舞龙进家门拜年。能不能制作一只智能化的中华龙放在家中，既弘扬中国传统的龙文化，又给人们带来美好的祝福呢？按照这一想法，班级分小组制作了会运动的"智能鳌鱼""智能中华龙"等，并在社区里分享与宣传，根据市民的反馈不断优化。

二、场景真实，任务可行

重视实践是跨学科学习的核心特征，提高课程内容和生活的相关度是 STEM 课程的核心设计目标之一。STEM 课程的许多主题是现实生活中出现的新问题，这些问题通常是劣构的（ill-structured），没有现成的或程序性的解决策略。因此，设计 STEM 课程时，应为学生设置真实的问题情境和活动主题，让学生深入社会调查相关问题，并鼓励他们尝试运用创新的方案去解决问题，在解决问题的过程中动手操作、思考探究、讨论交流、计划执行，发展创新精神和实践能力。

真实性原则主要表现在以下几个方面：①构成基本情境的要素要真实；②引用的各种素材要真实，实事求是；③解决的问题要真实。要将 STEM 学科知识融入具体的实践活动中，即让学生通过开展一系列实践活动，在真实情境的问题解决过程中，将科学、技术、工程和数学等多学科知识和技能进行整合应用。

在实际操作中，我们可以选择跨学科性较强的原始的真实素材，将其加工成结构良好的真实情境，从而激发学生兴趣及发展学生的高阶思维能力。

以"智能生态园"主题为例，教师可以引导学生从实践活动、生活观察及学科拓展中发现智能农业种植管理等方面的问题进行项目聚焦。比如，学校在开展"植物栽培技术""现代农业技术"等实践活动时，有学生提出家庭中也能进行智能化水培种植蔬菜，有学生提出要种经济价值更高的铁皮石斛，还有学生发现许多家庭因为要外出或较忙，会疏于管理家庭中的植物，可以用智能物联网的方式进行远程控制和精细化管理，等等。这些想法提出后，学生们经过讨论选出感兴趣的、有挑战性的、有价值的项目，从而确定"家庭智能种植铁皮石斛"这个项目。

又如，农村种植了许多水果，有的果实长得很高因而很难采摘，造成了劳动量大但效率不高的问题，因此有学生根据这个问题，提出了设计与制作"摘苹果机械手"的项目。

真实场景的学习既培养了学生的动手能力、沟通能力，也丰富了学生的想象力，达到了深度学习的目的。

三、学科整合，工程导向

学科课程强调知识的学科逻辑和专门化，忽视了知识的关联性和综合性；强调知识的抽象化，忽视了知识的生活化和实用化；强调知识的授受，忽视了师生对知识意义的理解和创生；强调知识的分类，忽视了知识的完整性。因此，学科课程内容因为"分科"而割裂了学科之间的联系，不利于学生解决问题，尤其是真实生活中复杂问题的解决（李臣之 等，2019）。STEM 课程是典型的跨学科课程，它不是简单的科学、技术、工程、数学四个学科的叠加，而是四个学科的高度统整，旨在发展学生的跨越学科视角，帮助学生用整体的思维多角度、高质量思考和解决复杂的问题。跨学科意味着整合，它鼓励学生把不同学科或不同学科组中所学到的知识、理解、技能和态度整合在一起，从而加深和丰富知识（夏雪梅，2018）。真正的跨学科的标志是有一个跨学科的大概念像桥梁一样把各学科打通。这就要求我们在进行 STEM 课程的内容设计时提炼出跨学科的大概念，并用它去统领其他学科的核心概念，这对于传统的分科型教师来说是一个巨大的挑战。

另外，教师在开发 STEM 课程内容时，应以工程设计为导向，要像工程师一样考虑项目的限制条件，要让学生能够借助科学、数学和技术工具，设计和改进方案，完成工程作品。以工程设计为导向时，我们会发现课程内容的结构和课程实施的步骤是合一的，包括提出问题与任务界定、调查需求与明确定义、设计方案与画出草图、动手制作与调测优化、展示分享与评价反思。

以工程设计为导向的项目实践可以促使学生按照科学、严谨、规范的工程设计原则设计制作作品，基于问题提出假设，基于证据得出结论，基于技术完成产品的设计制作，基于测试验证产品对问题解决的现实价值。

例如，围绕"智能种植铁皮石斛"这个 STEM 课程项目，学生发现了一些问题需求，如外出时无人浇花、农村种植石斛不科学等，并通过收集数据、综合分析，了解用户深层需求。学生设计自动遮荫棚、物联网远程控制超声波雾化模型以及远程控制浇水器等项目草图与方案，并从力学和三角形稳定的思路入手，亲身实践在稳固结构的基础上扩大农作物种植空间，充分应用科学、技术和工程等 STEM 学科相关知识，融合物理结构、材料、地理气候、生物学、信息技术、可持续性发展等跨学科核心概念，通过文献研究和探究实验确定植物生长的适宜环境条件，应用图形化编程技术，通过改变光质、光照强度、温湿度等影响植物光合作用的环境因素，进行植物培育实验，从而实现某些植物的智能化培育，并在过程中不断交流、评价反思以优化作品。

第二节　STEM 课程内容来源与转化

一、开发拓展课程

基于国家课程的 STEM 课程建设基于 STEM 课程理念，统筹 STEM 课程元素，对国家课程进行二次开发，适时适量地进行 STEM 整合，甚至有针对性地加大 STEM 课程的力度和强度，大力推进校本 STEM 课程建设校本化。STEM 课程始终立足国家课程标准体系，结合学校实际和地方特色，对国家课程进行校本开发，融入基于现实情景及问题解决的项目学习，重在跨学科融合应用，培养学生的高阶思维。

（一）不同学段各有侧重

目前我国幼儿园、小学、初中和高中这四个学段的课程都有不同程度的 STEM 转化实践。结合不同学段的课程特点，应找出较易开展 STEM 的学科进行探索。

幼儿园可以开展"主题教学"。主题教学一般由某一事物（如车、桥、水果）拓展开来，逐步涉及多个学科领域实现 STEM 教学；主题可以从幼儿常接触的事物出发，自主选题开发，灵活把握。

小学生可以从观察入手，由教师引导，借助测量法、比较法和分类法，像科学家一样观察、思考，提出问题，进行推测和探究，或者建立简单的模型来解决问题，最后得出结论。小学科学课程是最适宜开展 STEM 教育的课程，教师可通过二次备课重点引导学生体验研究过程、像科学家一样思考，同时提供足够的 STEM 阅读素材，提升学生的信息获取能力。条件允许，学生还可以适当进行一些有趣的、直观的 STEM 职业体验活动，最终完成一个 STEM 产品的设计和制作。

初中学生已经积累了一定的科学知识，可以侧重跨学科融合应用学习，重点加大对科学、技术与数学领域的学习，重视科学探究与实践过程，模仿科学家的科学研究过程，内化动手操作技能，发展科学思维。初中 STEM 课程可以重点聚焦物理、化学、生物学、地理、综合实践等学科。在综合实践活动中实施 STEM 教育相对较容易。应尽可能让学生多体验跨学科知识与技能的融合应用，发展学生的学科素养。

高中学生的思维与技能发展已达到较高水平，适合加大 STEM 转化的力度，尤其是借通用技术课程，侧重工程和数学领域的学习，注重成果的生成与物化。因此，高中 STEM 课程应尽可能聚焦动手制作和发明创造，助力解决生活中的真实问题。此阶段应强调跨学科物化实践（见图 3-1）。

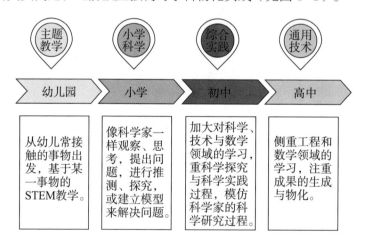

图 3-1　不同学段的 STEM 课程各有侧重

（二）不同学科不同特点

STEM 教育，不是理科的专利，其实文科也可以开展 STEM 教育，甚至艺术类、劳技类课程都可以在 STEM 课程中进行不同程度的渗透。在中小学传统的学科划分中，数学、物理、化学、生物学、信息、体育、小学科学、综合实践等一般被划为理科，语文、英语、道德与法治、历史、地理、艺术一般被划为文科。理科学科融合性强，往往很容易整合其他学科开展教学。例如，生物学学科常常用数学方法、物理原理、化学试剂、信息传感器技术等来解决学科问题。又如，STEM 课程在实施过程经常会用到 3D 打印技术、图形化编程、物联网、人工智能技术等信息技术。另外，传统信息技术学科基于技术的学习又可被转化为基于项目的学习，通过一个真实的项目任务，将工程设计、编程及可视化图形艺术等结合，促使学生设计制作一个工程作品，实现从二维到三维的转变。而文科，如道德与法治、英语等学科涉及社会性科学议题，可跨多个学科研究，语文学科也有综合性学习，也较容易进行跨学科融合。如，在拓展"文学部落"的班刊设计活动中，学生经组稿、编辑、排版、美编、打印、装帧、义卖等环节，动手动脑跨学科完成"古代典籍型"班刊的制作与销售，实现文学、历史、技术、工程、数学与艺术等学科的融合。最关键的一点是，在进行学科融合时，应尽可能地整合 STEM 元素，特别是科学、技术、工程和数学元素。当然，不一定同时融合，根据所学内容和基于现实问题，有针对地整合即可。

STEM 转化一般以章节为单位展开较为方便。因为教材的一个章节一般聚焦某一个概念进行阐述，通过系列教学活动助力学生从识记到理解到应用概念，但要进一步提升到分析、综合、评价的高度，往往需要通过 STEM 课程进行整合。各学科借助思维导图建构概念时，可有意识地加上数学、技术、工程等领域知识进行发散与应用，潜移默化地融合 STEM 教育。

例如，学生在小学四年级科学课程中学习了串联、并联电路，就可以开展"城市灯光立体贺卡"项目，即用导电胶布将电池、LED 灯串联或并联起来，制作成城市灯光。学生在小学六年级科学课程学习了"植物的酸碱性"，就可以开展"探索植物酸碱指示剂""变色花"等项目。

例如，生物学教师在讲解"昆虫"时，可以通过思维导图，发散出形态（科学）、结构（科学）、功能（科学）等要点，增加仿生应用（工程、技术）和艺术设计（人文艺术）等要素，包括外骨骼、复眼、口器甚至蜂巢等的仿生与艺术设计（重在培养意识）；讲解"鸟"，可以从气囊结构（科学）迁移至仿生应用，实现两次气体交换（技术）或安全气囊（工程）的设计；讲解"细菌"，可以从形态建模（工程）的角度计算表面积与体积的关系（数学），探索哪一种细菌最先分裂。八年级的学生学习了"鸟"，在生物学课程中探究了鸟适宜飞行的形态结构特点，就能由此拓展出"鸟类骨骼""鸟类飞行结构特点""边界层表面效应""折纸飞机""纸飞机发射平台"等活动项目，从而跨越多学科，获得对知识的全面理解与应用。

当然，不同学科融合的切入点也有不同，课后拓展也不同。在此仅以生物学和物理学科为例加以说明。

生物学学科的切入点是仿生应用，也可以是居家综合应用。如，"合理营养和食品安全"一课布置课外选做作业，要求学生为父母制作一桌色香味俱全且科学营养的菜肴。学生要科学制定适合家人的营养菜谱（科学），到市场购买性价比高的原材料（数学），尝试使用电子支付（技术），考虑菜肴的摆设（人文艺术），统筹规划优化做菜过程（工程），甚至还可以应用食品的天然色素如紫甘蓝进行调色。

物理学科的切入点是原理应用、创造发明。例如：推拉力学实验——改造推拉玩具；光影现象观察——设计与制作皮影；简单电路实验——设计与制作亮灯／音乐贺卡；垃圾分类探究——设计与制作智能垃圾桶；定滑轮实验——设计与制作办公室简易肩部拉伸装置；杠杆实验——设计与制作创意跷跷板；等等。

（三）不同单元不同主题

核心素养时代的学科教学倡导基于主题的大单元设计，有些单元跨多个章节的内容，长达十几甚至二十节课。基于单元主题的 STEM 教学设计则更加普遍，其整体性强，可以考虑采用基于真实情景的项目驱动，借用科学、技术、工程和数学知识与技能来解决现实生活问题。在完成项目学习过程中，需要学生灵活把握和运用全单元所学内容。例如，在人教版《生物学》七年级上册第三单元"绿色植物"一课的学习中，教师以学校劳技社团"番茄（或本土某一常见果蔬）的种植、贮藏、运输和销售"任务作为真实的情景项目，让学生学习番茄种植与销售的全过程，整个过程运用 STEM 理念进行设计，探索应怎样节省中间成本，提高产量和贮藏时间……。学生带着问题去实践，找到最优的解决方案。基于 STEM 理念进行单元教学课例开发是目前较为普遍使用的形式，且往往借助项目学习的方式推进。

更细一点的设计则会具体到不同知识点，挖掘表象背后蕴藏的原理与智慧，并进行拓展应用。知识点作为最小的教学单位，焦点集中，便于发散融合。具体实践中，课程设计往往从事物的相关属性出发，挖掘其融合应用的切入点。生物学学科可从生物的形态结构、生理功能、生活习性、用途等方面挖掘：如学习鸟的"气囊"结构与功能，结合其结构与功能进行仿生运用，计算其体积、测试最佳散热效果，制作双重呼吸模型，迁移发明创造相关的"气囊"状结构或换气装置，等等。物理学科可从事物的特性、原理、应用等方面挖掘：如学习光学的视觉暂留，可以借助走马灯原理，进行走马灯创作，甚至是更高级的视错觉创作。另外，要善于挖掘基于学科知识点或考点的一些生活现象或做法并对其进行 STEM 融合，如"酿酒时为什么酒醅压实后要挖一个凹坑"，看似一个简单的动作，但其作用很多：散热、供氧、收集酒精、推动化学平衡反应向右进行……。其实这是一个非常巧妙的设计，是古代劳动人民智慧的结晶，是很好的学科融合素材。这里涉及生命科学酵母菌、物理热学、化学的平衡反应、发酵技术，甚至酿酒工程。

（四）典型示范案例

为支持基于 STEM 理念的单元教学，我们可以在班级层面搭建课堂展示平台，关注和收集课堂生成的仿生点子或生物小创客作品，让学生面向全班在课前轮流展示，激发学生的参与兴趣与热情。借助平台激励、反哺课堂，促使学生更主动地参与课堂学习与创作。当然，STEM 教学或多或少会影响教材的教学进度，但设计时如果做到了巧妙融合，反而能丰富和反哺课堂教学。例如，人教版《生物学》八年级上册的动物单元教学主题，以"生物的进化"为主线，每节课都将学生往仿生学、工程学上引导，重点渗透 STEM 学习与应用理念，为学生今后的成长奠基（见表 3-1）。

表 3-1　教材激发的仿生点子展示

学习内容	仿生点子	仿生部位及原理
单细胞动物	拖地鞋	草履虫草鞋外形及其纤毛（形态结构仿生）
腔肠动物	水母潜水器	水母喷水推进运动（运动方式仿生）
扁形动物	可伸缩分拣器	涡虫可伸缩的咽（结构仿生）
线形动物	电子线虫	秀丽隐杆线虫神经系统（结构仿生）
环节动物	管道蠕动运输设备	蚯蚓的横肌和纵肌（结构仿生）
软体动物	仿贝类开闭装置	双壳类闭壳肌（结构仿生）
节肢动物	气体传送系统	蝗虫的气门、气管和气囊组合（结构仿生）
鱼类	仿鱼远距捕捉器	四边形及三角形组合的鱼头骨骼（骨骼运动方式仿生）
两栖类	可外翻分拣器	可外翻的蛙舌（结构仿生）
爬行类	攀援装置	壁虎四肢的特殊"吸盘"（结构仿生）
鸟类	氧气交换系统	鸟的气囊（双重呼吸功能仿生）
哺乳类	可胀可缩自来水管	猪的半封闭 C 型软骨（结构仿生）

表 3-1 的单元教学既考虑到整体性，又可独立渗透在课堂章节教学中，即在课堂上尝试 STEM 项目式活动化教学，让学生在课堂上进行小创作，并适当延伸到课外选做，重在学科知识和概念的物化实践。如人教版《生物学》八年级上册"鸟"一课，可以从"鸟飞行需要解决哪两个问题"（工程）入手，通过分组探究：鸟适于飞行的形态结构及生理特点（见表 3-2），引导学生学

以致用,分组进行生物小创客活动,并延伸到课外进行STEAM"机械鸟"创作等。

表3-2　初中生物学 STEM 活动化教学内容设计

	任务	动手做	思考	生物小创客
1组	观察鸟的体型	制作与试飞纸飞机（工程、技术）	体形是怎样适于飞行的（科学）	航模DIY：流线型（工程、技术）
2组	展开和观察鸟的翼	扇动翼	翼是怎样适于飞行的（科学）	覆瓦式结构制作（工程）
3组	触摸鸟翼、腿、胸上的肌肉	实验比较猪骨与鸟骨的比重（科学）	哪里的肌肉最发达；肌肉是怎样适于飞行的（科学）	鸟的羽毛小制作（艺术）和小创作（工程、艺术）：毽球、毛掸子……
4组	长骨（折断），观察骨内	触摸龙骨突，感受厚薄	骨骼是怎样适于飞行的（科学）	中空式结构设计与应用（工程、技术）
5组	探究鸟的双重呼吸	制作双重呼吸模型，将气管（吸管）、肺（气球）、气囊（保鲜袋）连接起来，吹气观察，建模分析（技术）	呼吸系统是怎样适于飞行的（科学）	（安全）气囊结构的仿生制作与应用（工程、技术）
6组	鸟类的消化	分析资料，归纳特点（科学）	消化系统、循环系统是怎样适于飞行的（科学）	变温动物与恒温动物的心脏结构仿生设计与应用（技术）

　　课堂活动化、教学情境化、知识问题化已经成为近年课堂教学改革的一个方向标。通过 STEM 项目式活动化教学,让学生动脑动手,体验跨学科技能的整合应用,在体验的基础上进行设计与创作,有针对性地向深度的 STEM 跨学科融合迈进还是较容易实施的。这两年,有的学科实践开始逐渐从以往的验证实验、体验活动开始向探究与创新实验、物化创作等跨学科融合应用过渡,学生逐渐习惯、享受并期待这种基于 STEM 理念的学科课程。

值得一提的是，基于国家课程的 STEM 课程建设可以很丰富，但仅靠课堂的 40 分钟很难落地，需要更多采取"课堂重设计，课外重实践"的策略，开发一些课外的延伸实践。

二、转化竞赛项目

此处的竞赛项目是指和 STEM 相关的科创类竞赛活动。2019 年 1 月，教育部第一次公示了年度面向中小学生的全国性竞赛活动名单，其中，可以面向小学、初中、高中三个学龄段同时开展活动的赛事共计 9 项，均为艺术和 STEM 类竞赛。在全部 31 个项目中，合并归属到 STEM 学科的竞赛项目达 1/3。之后的几年也差不多都是如此。

近年来，在教育部多次明令禁止面向初中、小学学生开展数学、英语等学科相关竞赛后，不少学科竞赛项目已仅对高中生开展，但科创类竞赛却没有受到影响，背后原因离不开社会对 STEM 人才的高位需求。结合科创竞赛的 STEM 课程以教育部门认可的科创竞赛作为 STEM 课程建设的出发点，以竞赛项目作为 STEM 课程开发切入口或载体，将项目常态化、课程化。

（一）转化竞赛项目的必要性

目前，竞赛活动存在以下主要问题。

1. 受众面不广

竞赛只面向少数拔尖学生，只是少数人的游戏，不是面向全体学生的普及性活动。竞赛没有做到普及化和常态化，学生受益范围窄，没有做到以赛促学，不是每一位学生都有机会参与大赛项目。

2. 任务不真实

有些竞赛项目设计脱离真实的生活情境，不是真正的问题解决，而是孤立的、纯技能化的应赛训练。参赛学生对于项目技能可以掌握得非常熟练，但对项目解决真实问题、改善现实生活、创造更美好世界的意义挖掘不充分、理解不透彻、应用不具体。

3. 价值不持续

"为赛而教，为赛而学"的现象突出，技能大赛评价标准与学科课程、项目课程标准脱钩，赛后技能没有进一步提升，学生为了比赛而比赛。过于功利的应赛行为影响了参与竞赛学生的全面发展，也与学校的人才培养目标存在较大的偏差。

科创竞赛只有吸取了 STEM 教育的两个最重要的特质——跨学科的学习方式和高标准的学术要求，才能开花结果。

（二）转化竞赛项目的可能性

科创竞赛的种类有很多，这些比赛促使青少年深入理解科学、技术与社会的相互关系，激发其对科学的兴趣，培养他们对社会的责任感，通过知识的学习、技能的掌握和活动的参与，使广大青少年初步领会科学的方法论，提高其观察能力、思维能力、创造能力和实践能力，从而促进其科学素质的全面提高，这和 STEM 教育的主旨是一致的（见表 3-3）。

科创竞赛旨在考查学生的综合素质、创新精神和动手解决问题的能力。裁判最终审查的是学生从论文中所透露出的对科学研究、对自己所讨论的东西的理解有多深刻，以及其到底在多大程度上娴熟地掌握了什么技能，对自己操作的方法有没有深刻的认知，以及自己究竟能够做出些什么。

对科学的热爱、思考、深钻、应用，是科创竞赛和 STEM 教育共同的意义和追求。

表 3-3　部分科创竞赛介绍

赛事名称	面向对象	主办单位	赛事分析
全国青少年科技创新大赛	全国中小学生	中国科协、自然科学基金委、共青团中央、全国妇联	大赛主题多是解决生活的实际问题，与 STEM 教育主旨完全一致。活动内容包括竞赛活动和展示活动。竞赛活动主要是科技创新成果竞赛，展示活动包括少儿科幻绘画展、青少年优秀科技实践活动展等。
明天小小科学家	高中生	中国科协、中国科学院、中国工程院、自然科学基金委和周凯旋基金会	一项面向高中生开展的科技创新后备人才选拔和培育活动，所涉及的领域与 STEM 教育完全一致。竞赛内容包括数学、物理学、化学、计算机科学、地球与空间科学、工程学、动物学、植物学、微生物学、生物化学、医学与健康学、环境科学等领域的科学研究成果。
中国青少年机器人竞赛	全国中小学生	中国科协	一项将知识积累、技能培养、探究性学习融为一体的普及性科技教育活动。考核多学科知识、技能的融合和综合科学素养，激发学生对编程、工程设计、技术构建的探索。
全国青少年未来工程师博览与竞赛	全国中小学生	全国科技活动周组委会办公室、中国教育科学研究院和中国科学技术交流中心	一项全国性公益型青少年科技创新赛事，选择贴近生活的工程技术专题，培养青少年创造性解决问题的能力，激发他们对科学技术的兴趣。目前主要有爱创造、梦想家乐园、创意微拍 1+1、智能创意 F1、创意花窗等赛项。

（三）转化竞赛项目的方法与路径

科创竞赛的 STEM 课程转化不是将 STEM 课程活动简化为一个比赛，而是要基于 STEM 教育的理念对科创竞赛项目进行改造和优化。具体来说，可以从以下几方面着手。

1. 以 STEM 教育理念优化科创竞赛

科创竞赛的内容紧跟时代而变化，体现了新知识、新技术、新领域的应用。这就要求竞赛的指导教师必须具有先进的理念、创新的思维、丰富的跨学科知识储备、良好的科学态度、与时俱进的知识体系，以统筹全局，为学生指引学习方向，真正实施创新教育。

STEM 教育以其全新的教育战略眼光倡导将各个领域的知识通过课程整合起来，也对教师在科创竞赛中的活动过程设计能力、资源整合能力提出了较高要求。

2. 以课程的框架沉淀科创竞赛

用课程框架对科创竞赛项目进行改造，将竞赛项目与现实生活中的问题、复杂的情境关联起来，要经历从制定目标、细化内容、实施到评价的课程开发流程，包括以下几个关键节点。

（1）选准竞赛项目

想要成功转化科创竞赛为 STEM 课程，选择适合的竞赛项目必不可少。好的竞赛项目一是能满足学校的特色与需求；二是能嵌入在学科知识框架之内和持续的学习过程中；三是能拓展到跨学科学习中（见图 3-2）。

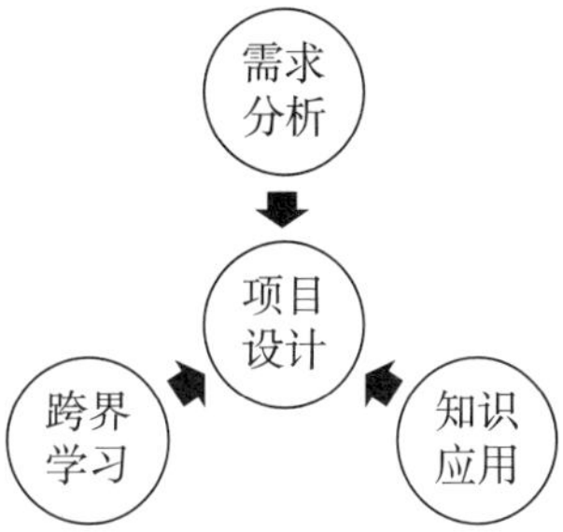

图 3-2　选择竞赛项目的思路

（2）研制课程计划

每个竞赛项目的竞赛标准都体现了不同地区、领域对相关参赛人员知识和技能的要求。对竞赛项目的技术文件、技术标准和命题规则等技术要求进行全面透彻的分析，将之转化形成涵盖学科需求的知识点与技能点，从而形成 STEM 课程开发、实施与评价全过程的计划或纲要。具体实施中，可以将竞赛技术说明转化为课程目标、将技术标准转化为课程要求、将比赛题目转化为课程任务、将评分标准转化为课程考核标准、将竞赛规则转化为教学实施流程、将比赛设备转化为教学设备等（见图 3-3）。

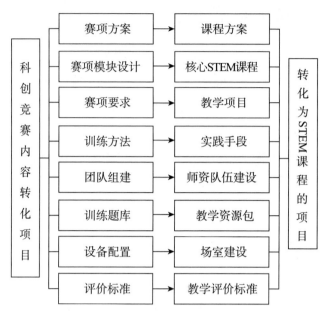

图3-3 将科创竞赛转化为STEM课程

（3）融入课程内容

当前科创竞赛反映出，学生存在的较普遍问题是不能有效地把知识点和能力点连接起来，不会综合应用知识，无法进行迁移拓展，难以形成真正的问题解决能力。所以，将竞赛项目内容融入STEM课程需要将项目情境化、知识系统化、技能素养化；以课程项目为载体，以工作任务为核心，贴近生活实际，体现知识点的联结和融合，使课程设置更趋系统化，人才培养方案更为完善。

例如，在结构设计与搭建类竞赛（桥梁设计赛、城市设计赛等）中，可尝试将专业技能大赛内容融入项目化课程教学改革。表3-4是以"太空城市设计大赛——月球基地设计"为例进行的STEM课程转化方案。

表 3-4　项目—课程—能力设计表

项目	课程	能力
解读竞赛规则（人文艺术）	应用文写作；专业英语	阅读、理解能力，外语能力
识读图纸（工程）	工程制图及 CAD 读图	制图能力
项目管理，经费预算（数学）	现代管理理念与方法	管理能力，经济意识
生命系统设计（工程、技术）	生态工程的原理与方法	系统设计和调控能力
受力分析（科学、数学）	材料力学	力学计算能力
太空舱设计（工程）	复合材料结构设计	材料选择设计能力
防月尘舱制作（工程、技术）	复合材料工艺及设备	工艺制作能力
防月尘舱测试（技术）	复合材料试验技术	原材料、制品测试能力
海报制作（科学）	计算机应用基础	计算机应用能力

上述案例将太空城市设计大赛的内容融入教学，将大赛评价标准融入 STEM 课程标准，以课带赛，力争覆盖到每一门学科课程，以赛促学，让每一位学生都有机会参与大赛项目。

3. 以常态化实施惠及更多学生

常态化实施是指拓展和丰富包含科创竞赛项目的教育内容，课程活动要面向全体学生，推进技能竞赛的普及普惠发展。首先，要建设没有局外人的科创 STEM 课程，从内容开发、活动设计、课时安排、任务布置，都能考虑到兴趣较低、动手能力较弱的学生，课程实施中能够以强带弱，让每一个学生都有所收获、有所参与、有所启发。

其次，要组织高参与度的校园科创与 STEM 教育活动。除了教育部门主办的科创竞赛活动外，学校还要设计更加丰富多彩的活动，并把每一项活动向班级、小组延伸，尽可能让更多学生都参与进来，力争让每一个学生在校期间都有机会参与科创与 STEM 教育活动。

最后，要组织丰富多彩的学生社团活动。结合科创与STEM教育，把学生的发展指导、研学实践、劳动教育融合起来，帮助学生定制个性发展方案，促进学生的个性成长。

总之，好的科创与STEM教育，应面向全体学生的科创素养，关注学生兴趣，重视学生潜能发挥；既以竞赛为出口，做到赛教融合，让拔尖创新人才脱颖而出，又能常态化实施，让每个学生受益受惠。

（四）典型示范案例

纸飞机比赛在学生科技活动中较为普遍，北京师范大学南山附属实验学校在备赛和比赛中认真研究"冲浪飞机赛""纸折飞机赛"等竞赛规则要点后，根据"纸飞机"的飞行动力、风速影响、平衡因素、飞行要点等问题，引导学生从纸飞机的材质、折法、放飞技巧、环境因素等多方面深入探究，由此开发了"飞行器设计与工程——飞趣纸飞机"STEM课程（见表3-5）。

表3-5　基于纸飞机类赛事规则的STEM课程开发

竞赛规则内容	涉及知识	研发课程	涉及学科
比赛规则解读 参赛作品说明	非连续文本读与写 文献检索、资料查询	科技阅读与写作	语文、英语
起飞与返航 放飞方式	飞行的原理与发展历程 鸟类模拟仿生	流体力学 空气动力学	物理、生物学、历史
留空时间，飞行距离、高度、速度	材料选择与黏合 动力估算与影响因素	材料力学	物理、化学、数学、地理
重飞与定点升降	计算、测试、试验 风向气压等测试	试验技术 专业综合实验	数学、地理、物理、通用技术
障碍物穿越	飞行技巧与战术	自动控制理论	心理学、通用技术

竞赛规则内容	涉及知识	研发课程	涉及学科
组队与选拔	人力资源	项目管理	经济学、心理学
作品制作	纸飞机外观设计 飞行器总体设计 成本预算	结构力学 机械设计	美术、数学、工程

三、萃取身边资源

学校内部和周边环境都有许多潜在的教育资源，STEM教育者要善于发现并挖掘、利用这些资源，这样才能持续有序和高效地开展STEM教育。与蜜蜂酿蜜类似，资源萃取就是根据需求把优质资源酿造出来的过程。在此过程中，我们需要博采众长，通过分析、对比、总结、提炼、升华等手法，实现去芜存菁，对校外资源进行识别、获取、转化及优化（见图3-4）。

图3-4　STEM课程校内外资源萃取流程

（一）校内STEM课程资源开发

学科课程是学校课程体系的核心组成部分，学科课堂教学是课程实施的主阵地。结合学科课程与实施，有丰富的STEM课程资源等待开发。比如在物理学科中，从推拉力学实验到改造推拉玩具，从光影现象观察到设计与制作皮影，从简单电路实验到设计与制作亮灯／音乐贺卡，从垃圾分类探究到设计与制作智能垃圾桶，从定滑轮实验到设计与制作办公室简易肩部拉伸，从杠杆实验到设计与制作创意跷跷板。再如在生物学学科中，从养蚕实验到设计与制作多功能的"蚕居室"，从昆虫形态结构到生活中的仿生设计和制作，等等。

除了学科之外，校内的环境资源也是非常贴切的课程资源，比如华南师范大学附属中学在学校生物园的基础上，拓展开发了"智能生物园"STEM课程；针对校园内经常要进行物品运输这一实际情况，开展了"校园自动运输车"项目；结合校园文化节，将校园建筑进行建模并设计制作了一款校园文化特色产品及扶贫助学义卖产品，开展"校园文化创意"活动。

在开发校内资源和STEM项目时，需针对不同学段学生身心发展的特点，从基于真实情境的问题提出到问题分析和解决、从创意设计到创造物化的活动逻辑，整合贯通科学、技术、工程、数学等四大领域，使活动过程始终围绕着解决生产生活中的难题展开，将科学和工程技术问题有效地结合在一起，学生在活动中把学习到的零碎知识与机械过程转变成一个探究相互联系的世界的不同侧面的完整任务。

（二）找准区域优势协同校外资源开发

学校所处的区域蕴藏着自然、社会、人文等多种课程资源。城市学校周边可能有高校、高新产业、科技高新区。乡村广阔的田野、潺潺的流水、多样性的动植物等自然资源是农村学校开展STEM课程的优质资源，如能加入丰富的田园主题活动，并将其与现代农业科学与技术、劳动教育等学科相融合，形成"田园+"的课程形态，形成符合乡村学校校情、具有乡村特色的STEM课程。

学校要有强烈的资源意识，利用天时地利去努力开发、积极利用周围的资源，体现区域特色，达成协同育人效果。

1. 基于问题,甄选课程资源

STEM 课程资源并非存在即能用,而要根据各学段具体的教学要求进行甄选。甄选出来的课程资源要力求原理简单、操作方便、现象直观,符合学生当下的认知发展水平和注意规律,能够吸引学生注意,便于学生理解,提升学生问题解决的效率,增强学生问题解决的成就感。如,学生假期与家人到深圳大梅沙海边游玩时,被沙滩上游客随手丢弃的垃圾扎破脚,教师引导学生经过实地观察调研发现沙滩垃圾是一个老大难问题,于是开发了"沙滩垃圾处理"课程,设计制作了沙滩垃圾车。

2. 凸显情境,整合多种资源

当面临某类资源数量不足的情况时,教师可以将不同类别的资源进行整合,搭配使用,从而创设一个凸显真实、富有趣味的问题情境。如,北京师范大学南山附属学校在开展仿生应用 STEM 课程时,利用当地野生动物园开展研学活动,创造情境。根据学生提出的"斑马为什么会有黑白条纹,条纹的作用是什么"等问题,引导学生研究斑马的生活环境,通过生物建模、物理建模、数学分析等探究过程,最后制作出基于黑白相间条纹的系列控温产品(见图 3-5)。

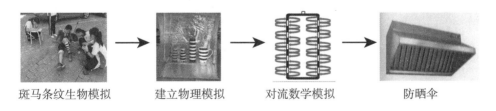

斑马条纹生物模拟　　　　建立物理模拟　　　　对流数学模拟　　　　防晒伞

图 3-5　由斑马条纹问题探究挖掘转化的 STEM 课程资源

3. 聚焦任务,合理重构资源

分析问题、设计方案、实施方案是 STEM 课程的三个主要环节。学生在不同的学习环节需要不同的课程资源。如果教师给予学生大量未经处理的校外资源，就会导致学习目标混乱，干扰校内教学进度，增加完成任务的难度，降低问题解决的成功率。所以，教师应先将资源进行适当处理、合理重构，再分阶段提供给学生。

如，北京师范大学南山附属学校与互联网企业及农业科研机构合作，长期开展"互联网＋农业"主题探究活动。学校除了必备的实验器材外，还配备了AI设备、种养场地、创客实践室。学生根据南方气候特点曾做过日常天气观察记录，也曾制作过最简单的抗台风装置。学校结合主题活动，充分利用器械与设备、日常观测数据、人力资源等校本资源，开发了"种植业应对台风的技术与措施"STEM拓展课程。

4. 统合资源，开发系列课程

让学生走出学校小课堂，走进图书馆、博物馆、科技中心、农场果园、工厂码头等社会实践大课堂，将社区资源融入STEM教学活动，形成系列化STEM课程体系。如，广州市荔湾区有学校以"区域文化探究和传承的研究"为主线，形成由民俗类、工艺类、社情类三大板块构成的"荔湾文化精品课程"，开发了"童享荔湾"和"数说荔湾"课程，并进一步以"文化＋生活＋科技"为资源开发中心轴，形成三大板块32个STEM课程项目主题，如民俗类的创意醒狮STEM课程项目，工艺类的设计坑口生菜会海报STEM课程项目，社情类的西关著名工匠商号文创设计STEM课程项目。

5. 协同院校及产业，共建共享课程

协同机构院校，融合产业企业是培养跨学科人才的有效途径。将大专院校、工厂企业、教育机构等社会资源引入、转化为教育资源，需要进行价值判断，学会取舍，同时也有赖于综合设计的整合融通，多方关系的介入互动。

如"基于城市灯光秀的STEM活动"融合了科学、技术、工程、数学的知识和技能（见表3-6），这就需要与相关研究机构以及企业互动，充分运用相关资源协同开发STEM课程。

表 3-6　基于城市灯光秀的 STEM 活动中的协同

STEM 教育	涉及的内容	可协同单位
科学领域	与 LED 相关的电学基础	LED 企业
	不同发光材料的特性与选择	普通高等院校
	光强度对昆虫感光性和趋光性行为的影响	动物研究所
技术领域	灯光控制及相关工具、软件使用	科技企业
	LED 与其他设施设备的连接技巧	职业院校或电气企业
	如何防止趋光性昆虫在灯光下聚集	环保部门
工程领域	灯光材料的合理利用	科技企业
	电路布置与安全	电工电气服务机构
	灯光秀的整体效果	城市设计院
数学领域	个体与整体 LED 的功率、电压匹配	LED 电气服务机构
	成品的大小、比例计算	企业
	计算灯光秀对居民的影响及范围	社区、街道

（三）典型示范案例

1. 学科资源 STEM 化开发利用

深圳市盐田区云海学校七年级学生在图书馆阅读时发现书的纸质偏湿软并且有着墨绿色的霉斑。根据这一现象，教师引导学生组队一起解决图书馆书本发霉的问题，确立了"图书馆保卫计划"的 STEM 课程。

课程实施中，学生充分利用多学科知识进行探究，如：结合生物学的微生物知识，对霉菌的生理特性进行实验探究；结合地理学知识，考察学校所处梧桐山的环境状况（居半山腰，靠山面海，容易积攒水汽），开展书籍防潮处理实践；结合化学知识完成了"石灰吸水"实验，制作图书吸水防潮剂；结合物理中"水的三态变化"知识点，了解水汽如何产生，以及如何吸收水汽，制作

"防霉菌装置"吸收湿气和霉菌；利用语文课上学习到的古时候七夕"晒书节"来历，学习把植物炼制的精油涂在书上的防霉方法，拓展研究多种防霉措施；使用无酸纸制作保护壳，保护重要的书籍和资料；通过信息技术手段制作"环境监测装置"，实时查看空气湿度等信息，发出潮湿预警。课程实施流程见图3-6。

图3-6　"图书馆保卫计划"课程实施流程

2. 区域资源开发利用

广东省韶关市马坝中学以"石灰岩"作为课程资源突破口，建立课程实践基地，组建课程研发团队，探索农村学校跨学科课程的有效实施路径（见表3-7）。

表3-7　针对区域资源开发的学生 STEM 项目

模块名称	资源开发	STEM 领域				
		科学			数学	工程与技术
		物质科学	生命科学	地球与空间科学		
魔幻厨房	参观水处理厂、矿泉水厂，了解硬、软水对洗涤剂的影响	✓	✓		✓	✓
热水器除垢	研学韶钢热电锅炉厂除垢方法	✓			✓	✓
牙膏制作	考察牙膏厂如何以石灰石为原料制作牙膏，实地采集石灰岩制作牙膏。	✓	✓	✓	✓	✓
田园STEM	走访环境、国土部门了解粤北石灰岩地区的土质、改良及发展，与农业园、蚕种养殖基地、农科所合作探究制作种植设备。	✓	✓	✓	✓	✓

3. 协同开发利用STEM资源

STEM教育不是单一机构所能完成的，它是通过全社会共同努力、各机构合力形成的创新协作的生态系统。

如，深圳市北京师范大学南山附属学校充分发掘当地资源，与相关机构、社会团体合作开发出独具特色的"问天、探海、慧种植"STEM课程。其中，"问天——太空城市设计"课程与航天科技集团五院深圳东方红公司、深圳市绿航星际太空科技研究院、深圳光电集团合作。"探海——海洋生态修复"课程与广东海洋大学深圳研究院合作，开展珊瑚种植、造礁探究，进行海洋生态修复活动。"慧种植——AI+劳动技术"课程与香港中文大学深圳研究院以及深圳的一些科技公司等合作开发。

第三节　STEM课程内容组织与呈现

课程内容的组织指向将构成教育系统或学校课程的要素加以安排、联系和排列的方式。泰勒（1994）提出了组织课程与教学内容的三条基本原则，即连续性、顺序性和整合性。连续性要求直线式地重申主要的课程要素。顺序性要求将选出的课程要素根据学科逻辑体系和学习者的身心发展阶段，由浅入深、从简到繁地组织起来。整合性要求将各种不同的课程要素建立适当的联系，然后整合成有机整体，以便学生获得统一的观点，并把自己的行为与所学的课程内容统一起来。（李臣之，2015）

一、STEM 课程内容组织

STEM 课程内容的组织包括课程内容的选取、加工、组织等一系列工作。W.W. 查特斯在《课程编制》一书中指出，课程开发涉及课程目标制定、课程内容选择、课程内容评价等序列性活动，其中目标又对课程内容起决定作用。

课程内容的组织与编排是一件严谨规范的工作。STEM 课程内容既要遵循各学科知识本身的内容逻辑顺序，又要体现跨学科特点，尤其还要尊重学生认知和实践活动规律，体现自主合作探究的项目特征。

（一）基于主题，进行跨学科横向组织

主题是课程内容组织的一种重要形式，按主题组织课程内容是指围绕某一中心话题、中心任务，选取相应的学科知识和课程资源来组织课程。一般而言，在设计、组织跨学科课程时，教师首先应明确相应的主题，而且这个主题通常难以从单一学科的视角予以解决，必须借助跨学科知识。STEM 课程作为典型的跨学科课程，不能简单地将相关学科知识叠加起来，而要打破学科界限和传统的知识体系，把组织要素应用于丰富多样的情境中，以综合的方式得以呈现（见图 3-7）。在 STEM 课程的组织中，学科之间的界限在某种程度上仍然存在，但是它们之间的联系更加强劲，也更加明显。

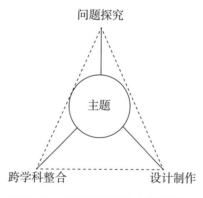

图 3-7　STEM 课程内容组织框架

基于主题横向组织 STEM 课程内容，要以问题解决为主线，以合作探究为基础，以产品设计制作和创意物化为依归，使课程内容内在地体现出 STEM 课程所应有的"整合""探究""创造"三大基本元素。

（二）基于活动，纵向组织流程环节

纵向组织也称序列组织，即将各种课程要素按照某种准则按纵向的发展序列，即其先后顺序组织起来。主题式 STEM 课程内容的纵向组织，是指其要经历确定活动主题、构建问题网络、形成活动方案、开展项目活动、完善主题活动、评价交流总结等流程环节。值得注意的是，学生自始至终都参与甚至主导主题的选择、确定、形成、开展与完善，学生是主题的提出者、方案的构想者、活动的推动者，也是任务的执行者、课程的参与者和完善者。

以深圳市南山区华侨城中学的"传统文化"主题为例，师生群体议事时会产生许多具体的驱动问题，他们将问题的解决方式以一个个小项目呈现出来，经过遴选，对内容进行组织编排，内容之间呈纵向递进关系。如"传统文化"STEM 课程主题内容设计如下：第一步，围绕地方传统文化逐步淡化这一现象，引导学生提出问题；第二步，调查了解非遗传承人现状，了解大众对传统文化的需求，运用同理心明确项目，如制作不一样的文创产品；第三步，根据需求将智能技术、简单机械与传统文化相结合，制作创新作品；第四步，调测优化作品；第五步，制作微视频，应用互联网技术，进行多样化传播，并开展社区服务，从而弘扬、传承和创新传统文化（见图 3-8）。

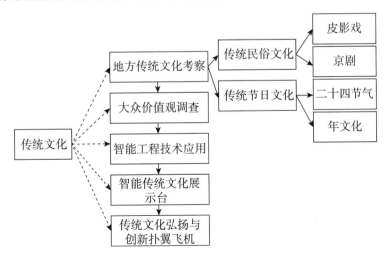

图 3-8 "传统文化"主题的纵向组织

STEM 课程的纵向组织还有另一层深义，即序列化构建校本 STEM 课程，形成学校 STEM 课程体系。学校 STEM 课程开发应贴近学生的兴趣和需要，贴近学生生活、经验及本土资源，考虑到不同学段学生的年龄特征和发展阶段需求，考虑到不同学段的有机衔接。总体上随着学习年级的递进，活动难度逐渐加大，活动水平逐步提高。因此，主题与主题之间要有"跨度"，有一定的挑战性；有"递进"，各主题适当聚焦，有利于打造学校特色，形成学校品牌，同时体现内容的高度相关及认知的螺旋上升。

二、STEM 课程内容呈现

STEM 课程内容的呈现与传统的学科课程有所不同。学科课程内容的开发与呈现更多以教材为主要形式和载体，但 STEM 课程更强调课程资源的概念。不同主题，内容不同，资源也不同。课程内容开发不完全等同于教材编写，STEM 课程生成性、开放性、情境性非常强，教材仅仅是 STEM 课程资源的一种形式，STEM 课程资源还包括活动方案、活动手册／指南或工程日志、活动案例、音频视频，甚至 MR/VR 资源。不同形式、不同类型的课程资源，形成丰富、立体的资源包，用以支撑学生的主动探究和有效学习。以下从课程活动方案、学生活动手册、活动支架等几个具有普遍适用性的课程资源的角度来呈现课程的内容开发。

（一）课程活动方案

STEM 课程是跨学科统整课程，苏珊·M.德拉克认为课程设计的步骤如下：①订立主题或问题；②选择模式；③进行头脑风暴以思考活动与资源；④决定达到每一阶段所需具体的技能；⑤选择可以帮助学生达到标准的适当的评量工具（Drake，1998）。

课程活动方案的基本要素包括具体的活动名称及活动目标、活动背景（含学情分析）、活动时长、活动材料、活动过程（含内容、方式、教师指导的重点和难点）、小组分工、评价建议等。活动方案的撰写可参考如下要点。

1. 提出拟解决问题

STEM课程内容来自学生发现的问题，强调开展与生活相关的专题或学习活动，并在真实的情境中解决现实问题。在活动背景中，应能引导学生产生驱动性问题，能以点（问题）带面，将知识与能力的培养以及情感态度价值观的形成均衡地体现在课程设计中。这里的问题多来自学生小组的研讨活动，学生提出的问题很多，但师生应选择有效问题展开学习。通常这些问题应该是真实的、劣构的、开放性的。首先，这些问题必须基于真实情境，能在学生的经验世界中产生共鸣，从而有利于学生运用策略性知识，发展策略性思维，促进学习的迁移。其次，劣构问题一般是宽泛的、开放的，可控制的变量较少，没有简单、固定、唯一的正确答案，拥有多种解决方案、解决途径。

如，在"设计与制作飞行器"主题中，学生会提出很多问题，如"鸟为什么会飞""鹰头马身有翼兽能否飞行""飞行的物体会遵循什么原理""为了更好地探究纸飞机的结构，我们应如何设计一个纸飞机弹射装置"等。教师通过筛选引出"如何设计一个纸飞机弹射装置"这个有效问题，进而形成系列项目。

2. 明确活动目标

确定主题后，学校组织STEM课程小组成员采用"头脑风暴"的方式展开研讨，画出思维导图，通过筛选资源，初步确定活动目标与活动内容。教师以真实世界的问题为课程组织的中心，用各学科的知识帮助学生解决问题。

活动目标通常以行为目标的方式陈述。陈述应具备三个要素，用行为动词描述学生通过教学开展的可观察、可测量的具体行为。要素一应说明"做什么"，如"写出、列出、解答、制作"等。要素二应说明产生条件，即学生行为产生的条件，例如"根据阅读材料""应用编程软件""使用某种材料"等，旨在说明"在什么条件下做"。要素三应说明"行为标准"，即符合行为要求的行为标准，如"明晰表述""结构稳定"等。

例如，深圳市南山区华侨城中学教师为"给星星的孩子设计玩具"设置活动目标如下。第一，能通过阅读，从不同文献及资料中找到相关的资讯 10 篇，并精读 5 篇。做文献摘要，形成至少 2 个观点。第二，会使用 5W2H 法、同理心研究法，设计一份需求调查问卷，展开调查，增强解决问题的能力，增强创意物化的能力。第三，能画出至少一张作品设计草图，小组能从需求、稳定性、可行性等角度，明确其功能及用途等，设计思维与工程思维。表 3-8 是从学科角度撰写活动目标的一个案例。

表 3-8 从学科角度撰写活动目标（示例）

学科	活动目标
科学	了解八种传感器的工作原理，了解机械运动如凸轮、连杆、液压等的工作原理。
技术	了解单片机、传感器技术，应用编程创意制作作品。
工程	学会制定项目设计方案、时间规划、图样表达、绘制草图、制作模型，初步掌握工程设计的步骤。
数学	掌握传感器阈值的测量，主控器程序编写，运用数学知识进行数据的测量与收集，提高数据的处理与分析及编写程序的能力。

3. 分析学情

以生为本，确立学生的主体地位，教学中坚持以学生为中心，是教育理念上的一次革命。扎根于学生的需求是 STEM 课程开发的必然追求，因此研究学生的年龄特点、实际需要、已有知识经验、能力水平和认知倾向这些学情，能为 STEM 课程开发目标的设定、内容的选择、教学手段的应用、实施效果的评价等各个步骤提供基本依据。

例如，在深圳市南山区华侨城中学"小小天工创年宠"活动中，教师分析，七年级学生在小学学习过如四边形、杠杆等概念，定滑轮、动滑轮等简单机械及其原理，以及简单工具的使用，部分学生学习了图形化编程，但学生对简单机械的应用、工具的使用技能欠缺，又期望做有趣、有挑战性、有实践性、体验性强且有技术含量的活动。因此，教师引导学生面向真实的生活世界，以"探究—动手实践—创意物化"的方式，应用现代技术手段，在探究中学习简单机械与图形化编程，让年宠动起来，制作不一样的文创产品，从而在实践与创新中体验工匠精神，并在创新中了解民族文化。

4. 制订计划

课程小组需要制订一个详细的计划，根据课程组织的原则，有系统地组织教学内容，以达到跨学科整合，培养学生核心素养的目的。STEM 教学计划主要包括活动内容、活动目标、时间安排、学习支架、预期成果形式等。

组织与编排 STEM 计划时，通常采用直线式，即将 STEM 课程内容组织成一条在逻辑上前后联系的直线，按照由浅入深、由易到难的原则呈现。

5. 制订评价量表

STEM 课程要求突出评价在促进学生发展方面的价值，充分肯定学生活动方式和问题解决策略的多样性，鼓励学生进行自我评价及在同伴间进行合作交流和经验分享。因此教学评价不能以统一的、标准化的方式来进行，而应将学生的实际能力与教学辩证地结合在一起。由于项目有很强的开放性、生成性，学生从创意构思、动手制作到测试作品，需要不断地测试，确定作品的优缺点，然后改进、再测试、再解决，经历一个不断完善优化的过程。很少有人的作品首次出炉就能做到毫无瑕疵。要组织学生进行组间评价，分析判断哪些环节、结构、材料等需要改进与优化。学生对他人的建议往往会产生抵触情绪，教师应尽可能采用激励性评价，从多角度分析作品的优点，认可学生；在过程中举行分享会，并运用积分制，评选"最佳科学助攻手""最佳体验官"等。深圳市南山区华侨城中学"给星星的孩子设计玩具"项目的表现性评价量表见表 3-9。

表3-9 深圳市南山区华侨城中学"给星星的孩子设计玩具"项目表现性评价量表

评价内容	评价结果		
	自我评价	同学评价	老师评价
在活动中能不断拓宽视角，对活动充满好奇心。	优□ 良□ 中□	优□ 良□ 中□	优□ 良□ 中□
在需求调查中能主动沟通，选择与确定信息并分析数据。	优□ 良□ 中□	优□ 良□ 中□	优□ 良□ 中□
提出符合设计原则，且具有一定可行性、创新性、实践性的方案，并能解释方案。	优□ 良□ 中□	优□ 良□ 中□	优□ 良□ 中□
能根据方案设计并制作"星孩玩具"作品，且作品运行稳定、功能正常、互动性强。	优□ 良□ 中□	优□ 良□ 中□	优□ 良□ 中□
乐于交流，尊重他人，并能对其他小组的作品从"实用性"方面提出优化建议。	优□ 良□ 中□	优□ 良□ 中□	优□ 良□ 中□
在调测过程中积极思考，不断优化，解决问题，体现出批判质疑的精神。	优□ 良□ 中□	优□ 良□ 中□	优□ 良□ 中□
在反思阶段，能从项目的交互性、实用性及知识的应用、问题的解决方面与同学们分享自己的反思。	优□ 良□ 中□	优□ 良□ 中□	优□ 良□ 中□
综合评价			

　　深圳市南山区华侨城中学余丽老师在进行"智能种植石斛"课程设计开发时，按照活动不同的阶段及类型，整体设计了系列的表现性评价量表（见表3-10）。

表 3-10 "智能种植石斛"课程学习手册的主要内容

活动类别	学习文献与视频资料	记录量表	表现性评价量表
发现问题，明确任务	相关知识与技能的阅读文献及视频资料，包括说明书、操作手册、书籍、音像资料	文献摘要记录表、思维导图	文献收集与分析能力评价、方案评估量表
科学探究	实验操作指南，相关文献资料及视频	科学考察记录表、探究实验记录表、测量表格等	科学实践能力评价量表
工程设计	简单机械与工程结构、编程技术等的学习资料	同理心地图、需求调查问卷与访谈记录表、工程方案表、工程进度表、工程测量表	工程技术、结构稳定性评价量表
创意作品	相关文献或视频	量表、测试工具评价反馈，跟踪优化	规划与设计能力评价量表
分享展示	展板、宣传册、微视频剪映技术资料	——	团队合作力、演讲力评价表

（二）学生活动手册

STEM 项目的学生活动手册是一份纲领性的指引，是对活动方案的细化、操作化，是项目的实施指南。手册可以引导学生规范完成各项活动，保障活动的顺利开展；还能为学生提供更灵活的体验、探究与互动空间，促进学生进行高阶思维；同时还可以记录和反映学生学习过程的典型表现、深刻反思、宝贵心得、得意作品。在这个意义上，手册可以等同为学生的成长档案，对于开展学生综合素质评价起到重要的支撑作用。

学生活动手册作为与 STEM 课程相配套的教辅资料，其要素主要由学生年段、学习时长、活动目标、任务描述、相关文献与视频、操作步骤说明、记录量表、表现性评价量表、项目拓展和参考资料等组成。通过这些要素的呈现，手册帮助学生在不同环节展开自主探索与学习。

（三）活动支架

STEM 项目多采用科学探究和工程设计等方式解决问题，这些问题基本上没有简单、固定、唯一的正确答案，因此教师要尽可能地给予学生足够的时间、空间去探索。过程中教师要尽可能预设出多种解决方案、解决途径，为不同层次的学生提供相应的指导，根据学生的需求，呈现出更多不同层次的任务，为学生发展留出更多的思考与表达空间。另外，有的活动可能会有详细的操作步骤或案例指引供学生模仿；有的活动则有大量的留白，可以让学生自主探究完成。教师要根据学生具体情况实时操作，让不同的活动呈现不同的内容，并在实践中作出动态调整，适时提供编制任务，达成教学目标。

1. 用支架支撑实施全过程

要想保证活动有效且高效完成，少不了学习支架的支持。支架相当于给学生搬一个凳子，让他们跳一跳就摘到苹果。支架有不同的分类。从学习进程来看，支架可嵌入活动的不同阶段中。

活动阶段中的支架主要起展示真实情境、传递知识、提供学习指导、协同合作、评价的作用。如，情境支架主要为学生有意义学习创设情境、激发学生学习兴趣、促使学生形成内在体验、并促进新旧知识的联系等，常以多媒体视频、音频、图片等形式呈现。任务资源支架主要是为支持学生完成学习任务而提供的系列课程资源，如外出考察与校内实践的场所，工具、材料、设备等软硬件资源，以及电子文档、CAI 课件、网站、书籍等信息资源。方法策略支架主要为学习者自主学习提供技术应用、科学实验、参考范例、方法训练等多种策略指导，为学生开展深度学习提供帮助。常用的方法策略支架有思维导图、Scratch 可视化编程以及各种仪器机械设备的使用等。在教学实施过程中，教师要根据学生学习的发展,对学习支架进行适时、动态的调整与优化(见图3-9、表3-11)。

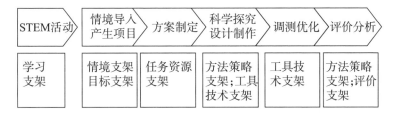

图3-9 学习支架支持下的 STEM 活动模型

表3-11 深圳市南山区华侨城中学"小小天工创年宠"活动方案与支架

活动流程	活动内容	课时	设计意图	学习支架
提出问题	提出问题,引导思考,确定方向。	1	让学生明确作为一名合格"小天工"应该具备的问题意识,即积极主动地观察,细致入微地比较,独具慧眼地发现。	情境支架,如视频、音频、图片。
明确项目	1.在电脑教室,借助互联网云游故宫博物馆。 2.文献搜集与阅读整理、文献分析。	1	依据一定的研究手段,明确问题的内容与价值,分析解决问题受到的限制。	任务资源支架:电脑教室,文献收集卡。
	1.绘制同理心地图,设计调查问卷,在问题中帮助学生了解用户的真实需求和项目的工具材料需求。 2.设计访谈问题,学习访谈技巧。	1	让学生领悟要明确问题,除了主观分析,还可以借助一些研究手段来进行,以深化对问题的认识,为之后的设计制作奠定基础。	方法策略支架:同理心地图彩色卡纸、彩笔、调查问卷阅读卡与设计卡;范例支架。

活动流程	活动内容	课时	设计意图	学习支架
动手制作调测优化	应用四连杆的运动轨迹和规律,以中国传统节庆文化"吉祥物"为背景进行设计制作与优化。	2	通过探究四连杆的运动轨迹,融入传统文化元素,实现主题活动与民族文化的有机融合。	工具技术支架:四连杆机构、彩笔材料;传统文化信息支架。
	应用凸轮的运动轨迹和规律,以中国传统节庆文化为背景进行设计制作与优化。	2	提炼民族文化元素,通过凸轮的设计制作,进行文化形象化的表达与实践。	工具技术支架:"凸轮""齿轮组"等材料,探究学习卡。
	根据中华龙的设计原理,应用图形化编程设计"中华机器龙"运动轨迹并优化。	2	通过应用图形化编程,实现传统舞龙文化的创新,将文化元素与智能科技相结合。	工具技术支架:电脑、可编程的机器龙套件、塑料、KT板、打孔器、热熔胶枪等工具与材料,探究学习卡。
展示与分享	设计创意展示台、模拟天工微路演。	1	通过展示汇报进一步培养学生的文化创新意识,学会用创新行动推动年文化的发展,体验在创新中传承的责任感与自豪感。	评价支架。
	社区行:展开年俗一条街活动,将部分作品送给社区里的志愿者。	2		
	反思、自评、反馈。	1	通过反思,提升民族自豪感、感悟工匠精神以及作为一名中华小"天工"的责任感。	方法策略支架。

2. 不同支架侧重不同的功能实现

支架还可按照形式和功能来分类(见图 3-10)。从形式来分有文本支架(填空支架、表格支架、思维图示支架)、实物支架(实物范例、实物半成品)等。文本支架最常用。文本支架中的填空支架借助螺旋上升的问题链的驱动,通过适当的留白，让学生提供"填空"的学习支架；另一种文本支架就是直观的表格支架，通过表格化的记录，便于后期的横向、纵向对比。思维图示支架重在思维的发散，帮助学生逐步寻找 STEM 化的点子，节省学生绘图的时间，提高效率。实物支架的实质是范例，需要教师提前准备，教师也只有通过教师准备实物范例过程，才能发现活动各环节需要注意的事项。

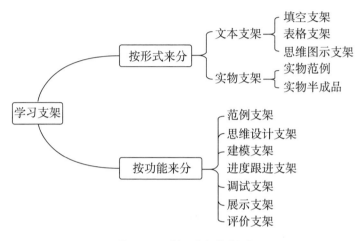

图 3-10　学习支架的类型

若按功能来分，支架可分为范例支架、思维设计支架、建模支架、进度跟进支架、调试支架、展示支架、评价支架等。

（1）范例支架

范例支架指给学生提供一个完整的高质量的样本参考。对学生来讲，最容易入门的学习就是模仿学习，这就必须提供一个范例。范例质量越高，学生通过学习生成的作品质量也越高。当然，范例质量也不能过高，必须在学生能力允许的范围内。

例如，开展"异想天开科技大连环实践活动"需要前置活动，以给学生提供一个高质量的案例参考（见表 3-12）。

表 3-12　科技大连环范例

主题：茁壮成长
连环一酝酿：小车从旋梯高处下滑（由势能转化为动能，车速加快，产生一定的冲力）； 　　连环二耕耘：小车撞倒木板（产生多米诺骨牌效应），形成学校校徽； 　　连环三播种：重力触发机关，连动装置失去平衡，牵动高处储筒打开，铁球沿轨道下滑（由势能转化为动能），掉进沙桶； 　　连环四浇水：（由于铁球重力牵引）水阀被打开，水浇灌入水盆； 　　连环五发芽：（由于水的浮力）皮球浮起，顶出幼苗，同时触发装置打破平衡，运载小车开始缓慢滑动； 　　连环六施肥：小车运载着白色粉末食盐沿轨道下滑，碰撞水槽（由于惯性原理），白色粉末继续往前冲掉进水槽无色的酚酞溶液中，逐渐溶解并进一步电解，铜片正极一端水面渐现红色（由于电解产生的氢氧根离子逐渐增多，溶液呈碱性，酚酞在碱性溶液中变红）； 　　连环七开花：食盐的溶解形成电解质导电，风扇装置通电，马达转动，花瓣（离心力作用）开花； 　　连环八结果：由于马达转动释放细线，砝码开始沿轨道下滑，碰断细线，锦旗解开，呈现"科技教育先进单位"锦旗。

　　值得一提的是，因范例具有极强的导向性，且大部分学生的思维往往跳不出范例的范围，学生思维受支架"禁锢"的现象比较明显。随着学习的深入，可给学生半成品支架，甚至撤销范例支架。因此，范例支架的使用需谨慎，并要适时且及时进行调整。

　　（2）思维设计支架

　　STEM 课程特别强调培养学生的高阶思维、关键能力等核心素养。借助思维设计支架，可以事半功倍，引导学生进行定向与不定向的思考，生成独特的点子。表 3-13 就是一个整体设计逐步开放，由具体范例引领思考到指定选题到自主选题思考的案例。

表 3-13　仿生创意设计思维训练表

组别	探究主题	仿生点子			其他仿生创意设计
第1组	南洋杉奇特树形建构及仿生应用	1. 树形住宅	2.……	3.……	
第2组	气孔结构建构及仿生应用	1. 仿气孔阀门	2.……	3.……	
第3组	水母的伞状结构建模与仿生应用	1. 降落伞	2.……	3.……	
第4组	蚂蚁巢穴的结构探秘及仿生应用	1. 地下影院	2.……	3.……	
第5组	鹦鹉螺黄金螺线模型建构及仿生	1. 鹦鹉螺笔筒	2.……	3.……	
第6组	人手仿生模型（机械臂）DIY	1. 垃圾分拣器	2.……	3.……	
第7组	蘑菇皱褶结构探秘及仿生应用	1. 消音器	2.……	3.……	
第8组	DNA双螺旋结构仿生应用设计	1. 双螺旋天桥	2.……	3.……	
必做	指定生物（壁虎）仿生	1. 壁虎吸盘挂钩	2.……	3.……	
必做	自选生物＿＿＿仿生	1.……	2.……	3.……	

（3）建模支架

STEM 作品的物化过程离不开模型的建构。可预先借助建模支架，让学生在支架的引导下，建立简单的物理模型，然后进一步观察、思考、改进，生成新的创意模型。

以艾滋病病毒球体模型的建构为例，先是观察其结构特点：每面都是正三角形且"五面共点""两面共棱"，再借助多面体欧拉定理解方程组，计算出表面数为20，即推断出艾滋病病毒球体模型为正二十面体；接着根据"五面共点"先手工制作出一个正二十面体，再根据"六面共点为平面，隐藏一面即可实现五面共点"，逆推该模型的结构，逐步剪开拼合点标示顺序，并反复拼接验证，生成图3-11的支架。其中，整个过程借用了"逆向思维"的思维方式，先制作后分析，逆推其生成过程。这对没有建模基础的学生，甚至是幼儿园的小朋友都适用。可见，支架的使用能够助力学生将复杂问题简单化，轻轻松松体验到成功的喜悦，增强学习的内驱力。

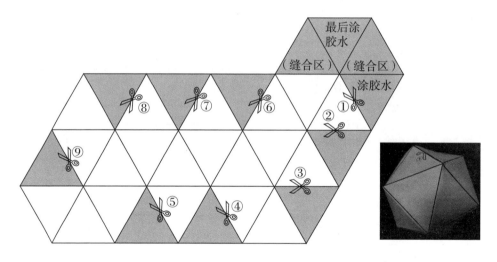

图3-11　艾滋病病毒球体模型建构支架（原创：肖小亮）

（4）进度跟进支架

STEM课程的教学实施往往是通过项目式学习来推进的，而项目式学习的进度要根据实施情况及时改进和调整。及时提供一个详细的进度安排支架，让学生在规定的时间内完成相应的步骤，可以在序地把控节奏，有条不紊地推进项目。

东莞中学初中部"科学探究"校本课程实施以进度表为进度跟进支架，推进课程有效实施（见表3-14）。

表3-14　东莞中学初中部"科学探究"校本课程实施进度表

时间	课程内容	完成进度自查（打"√"表示完成）	老师跟踪情况
第1周	创新讲座学习（2课时） 小组讨论选题（2课时）	1. 认真听讲座，做好笔记（　　） 2. 小组头脑风暴，提10个选题（　　）	
第2周	选题指导（1课时） 开展探究（3课时）	3. 确定选题并经老师审核通过（　　） 4. 设计好调查问卷、实验方案或发明草图（　　）	
第3周	过程指导（1课时） 开展探究（3课时）	5. 指导老师把关问卷或草图（　　） 6. 开展调查、实验或实物设计（　　）	
第4周	过程指导（1课时） 开展探究（3课时）	7. 指导老师给予方向方法把关（　　） 8. 统计结果、记录数据或调试，形成初步作品（　　）	
第5周	形成初品（2课时） 完善作品（2课时）	9. 指导老师给予完善方向把关（　　） 10. 进一步完善作品，突出创新点（　　）	
第6周	整理展板资料（2课时） 练习模拟答辩（2课时）	11. 提炼简洁的展示材料并提交（　　） 12. 在老师指导下模拟答辩（　　）	
第7周	现场展评（4课时） 莞初科学论坛（2课时）	13. 选手在展板前面向评委答辩（　　） 14. 优秀作品面向全体选手答辩（　　）	
第8周	小结，发选修证书和获奖证书	15. 提交400字左右的课程学习心得（　　）	

（5）调试支架

调试支架主要支持 STEM 作品的调试，帮助学生及时记录调试的数据及结果，让研究过程可见，便于回查，帮助学生发现不足并进一步改进。一般由学生根据调试项目自主设计表格来做记录，使结果更加直观。

（6）展示支架

学生的 STEM 作品需要进行及时展示。规范、统一的展示要求会让学生的作品呈现得更顺利。例如，对于学生的创客作品，可提前给出一个展示文档模板，学生填表提交即可，整齐统一，也便于后期的评比。

（7）评价支架

评价支架即评价标准，这一支架必不可少。评价支架直接引领学生的 STEM 学习，甚至决定 STEM 作品的质量。细致明确的评价要求，可以引导学生进行高质量的创作（见表 3-15、表 3-16）。

表 3-15　项目现场展评评价表

班别	项目名称	科学性 （20分）	先进性 （30分）	实用性 （30分）	自主性 （20分）	总分

表 3-16　项目材料初评评价表

班别	项目名称	展板制作 （25分）	答辩能力 （25分）	思维能力 （30分）	合作能力 （20分）	总分

（四）STEM 活动案例

STEM 活动案例包含活动的整体规划思路，记录了学生解决问题的过程，反映了自主发展和目标达成状况。案例主要以第三人称来进行描述，是一种叙事性的解说，由问题背景、方案设计、活动实施、评价与反思等要素构成。

1. 问题背景：基于情境，问题导向

问题背景部分要阐述在真实情境下，学生是如何产生具体的问题的，将事件情境置于特定的人、事、物时空框架之中。

2. 方案设计：阶段完整，任务细化

方案设计部分包括方案的目标、内容，实施时间、地点、任务安排，等等。阶段上从导入到总结交流、反思评价，体现活动的完整和任务的闭环。另外每个阶段的任务要细化、可操作化。

3. 活动实施：写实记录，及时调整

活动实施部分着重于对学生项目实施过程的完整描述及其获得的过程指导与反思；着重于发现的新问题是如何解决的，或者是如何优化的。在实施阶段，由于活动主要以学生的调查探究、设计制作等方式开展，加上很多教师还没有真正理解跨学科学习，所以教师容易习惯袖手旁观学生的实践探索。但事实上，教师在学生活动实施过程中的指导非常重要。教师必须确保学生是在真正从事 STEM 课程实践，帮助学生进行跨学科知识和概念的关联，教授学生如何提出合适的研究问题，以便导向有趣有用有效、学生参与度高的项目。教师要不停地切换场景、转换角色，在传统的直接教导型教学和学生需求驱动的探究实践型教学之间切换，在每个可教的时刻适时教授和示范，成为学生活动的先行学习者、合作学习的伙伴、正确方向的引路人。

4. 评价与反思：展示分享、总结评价

评价主要根据之前设定的评价标准进行，按照评价主体分为教师评价、小组评价和自我评价；按照评价内容又分为过程性评价和终结性评价。反思部分着重于学生的收获体会及问题反思，还可以引导学生谈一些相关的反馈意见（见表 3-17）。

表 3-17　活动案例撰写提纲

一、案例概述

二、介绍案例实施的背景，描述是什么，说明为什么做、做什么、怎么做等。

三、案例目标

四、案例实施过程

五、识别问题、明确要求

六、撰写方案、提供支架

七、创意设计、原型制作

八、测试评估、优化改进

九、展示分享、总结评价

十、学生作品展示及点评

十一、可精选部分学生作品，须插入教师点评

十二、案例实施成效和反思

更多具体、完整的活动案例参见本书第六章。

第四章　STEM课程的实施路径

课程为主线，工程设计贯穿

活动为载体，综合拓展延伸

协同为支撑，实现共建共育

本章概述STEM课程的实施路径。STEM课程的实施要以课程为主线，以活动为载体，以协同为支撑，拓展课程实施路径，实现课程育人、活动育人、协同育人。

本章学习目标：

1.了解STEM课程的实施路径。

2.掌握不同实施路径的侧重点及实践策略。

STEM 课程的实施必须基于课程论的框架和课程设计进行。斯基尔贝克提出课程设计的五个基本步骤，从"情境分析"到"目标拟定"，从"方案编制""解释与实施"到最后的"追踪评价与优化"，构成了 STEM 课程的实施路径。在此基础上，借鉴工程项目设计的步骤，以课程为主线、以活动为载体、以协同为支撑，拓宽 STEM 课程的实施路径，这样才能达到 STEM 教育多学科融合的效果。

第一节　课程为主线，工程设计贯穿

STEM 课程实施大多以工程为主干推进，工程实践是 STEM 教育的核心和大脑。STEM 教育融合了科学、技术和数学学科的知识、方法和技能，它们都是乘坐工程这列火车所必需的。

一、统筹安排课程要素

课程实施是一个系统的整体，由不同的要素（或元素）组成，具体包括课程目标、课程内容、课时安排、教学活动、教学策略、学习空间、课程评价等（见图 4-1）。课程内容是课程实施的载体，但如果没有师资、场所等要素，好的课程内容也仍然会形同虚设。本书在前面章节已专门讨论过课程内容的设

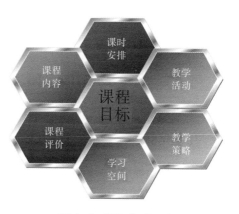

图 4-1　课程构成要素

计开发、教学活动的设计开展，在此仅探讨 STEM 课程的其他要素，如开设形式、空间场所、师资配备及教学方法等。

（一）开设形式

国家层面虽然没有设置专门的 STEM 课程，但很多学科里面已渗透或强化了 STEM 内容。2017 年，教育部颁布的《义务教育小学科学课程标准》倡导 STEM 教育和跨学科学习方式。2018 年，教育部颁布了普通高中各学科课程标准，STEM 的教育模式多次在学科课程中提及，如《普通高中通用技术课程标准（2017 年版）》选择性必修课程"科技人文融合创新专题"中提出，"综合运用科学、技术、工程、艺术、数学、社会等学科的知识、方法和技能，以专题学习或项目式学习的方式进行问题解决与科技创新"。此外，信息技术、生物学等多学科在课程标准中都不同程度地表述了 STEM 教育、STEM+ 教育、项目式学习等方式在学科教学中的重要性。这为 STEM 课程实施提供了平台、空间和保障。推进 STEM 教育，大力培养学生的创新精神和实践能力成为学校的共识。

1. 以校本课程形式系统开设

校本课程是学校自主建设并彰显学校办学特色、课程特色的平台。学校可以利用校本课程的课时，分年级构建不同的 STEM 课程，进行教学实践与评价。这种做法的优点在于，不占用学生的课内学时，同时还能让学生按自己的兴趣发展。其缺点是无法做到面向全体，毕竟学生都是依照自己的兴趣选课的。如何吸引更多的学生选择和参与 STEM 教育，对于课程开设的数量和质量均提出了更高要求。

鉴于以上优缺点，有学校明确，固定利用每周 2~4 课时，以行政班的形式教学，构建 STEM 课程体系。这种模式有效保障了教学内容的延续性，也可以让学生对 STEM 教育有系统化的认知和理解，同时达到通识教育和普及教育的效果。学校需在国家和地方规定要求的课时范围内作出设计和调整，并协调好上级部门、家长、学生等多方面因素。

2. 以专题形式渗透进综合实践活动课程中开展

综合实践活动课程中研究性学习的课程理念和运作模式与STEM课程十分契合。因而，很多学校会利用综合实践课程的课时分学段、分年级进行专题性质的STEM课程，在不同年级的主题间形成递进式或呼应式的关联。

这种做法有效保障了综合实践活动课程的课时，也能发挥STEM教育的优势。但由于综合实践教师多为其他学科教师兼职，他们有时难以掌握STEM课程所要求的知识技能，难以指导工程项目的设计制作。

3. 以项目形式融入国家课程中开展

STEM教育的优势在于对学生高阶思维的培养和学习能力的提升。已经有学校对各学龄段的国家教材中的学科知识进行梳理和重组，用跨学科的问题或项目构建不同学龄段的STEM课程：小学多融入科学、数学这样的课程之中，中学则更多地融入物理、生物学、通用技术、信息技术这些理工类的课程之中。

（二）空间场所

STEM教育空间是学生参与STEM教育的学习场所和环境。由于STEM教育本身的特点，STEM教育空间不同于以往固定的课室，它必须能确保学生进行自学、研讨、探究、操作、实践等以小组为单位的活动，具备多元开放和资源使用便利的特点，能帮助学生利用环境资源深入探究、动手实践、发散思维，最终创作出具有独创性的STEM教育作品。

STEM教育空间要与学校具体实施的STEM课程相配套，结合自身条件、课程内容及实施要求，建成有项目嵌入、有技术依托、有工具支撑、有审美感受和人文特质、反映未来学习形态的环境和场所（见图 4-2）。

图 4-2　广东省佛山市顺德区某学校的 STEM 教育空间

资金、场地空间受限的学校，可以结合 STEM 课程，对物理、化学、生物学实验室进行桌椅布局、课室装饰的调整，适当添加教学硬件资源，以满足 STEM 教育的需要。

（三）师资配备

目前，STEM 课程的师资配备是与学校 STEM 课程的开设形式相对应的。有固定课时、专门设置并系统开展 STEM 课程的学校，多学科教师组成协作的教师学习共同体，利用多学科优势实现学科融合。如果是将 STEM 课程融入国家课程包括综合实践活动课程的学校，则以科任教师为主。

鉴于 STEM 课程的跨学科属性及解决真实问题的特征，倡导组建跨学科的学习共同体，团队成员由教师学习共同体、学生学习共同体、社区学习共同体、校际学习共同体、家园学习共同体等构成，为 STEM 课程的顺利、高效实施提供人才保障（见图 4-3）。

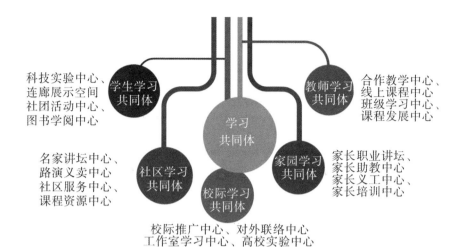

科技实验中心、
连廊展示空间
社团活动中心、
图书学阅中心

学生学习
共同体

学习
共同体

教师学习
共同体

合作教学中心、
线上课程中心、
班级学习中心、
课程发展中心

名家讲坛中心、
路演义卖中心
社区服务中心、
课程资源中心

社区学习
共同体

校际学习
共同体

家园学习
共同体

家长职业讲坛、
家长助教中心
家长义工中心、
家长培训中心

校际推广中心、对外联络中心
工作室学习中心、高校实验中心

图 4-3　STEM 教学共同体的构成

（四）教学方法

教学方法是教师和学生为了实现共同的教学目标，完成共同的教学任务，在教学过程中运用的方式与手段的总称。迄今为止，能够明确区分的教学法有700 余种。STEM 课程作为近年来被广泛推崇的课程模式，有其独特的教学方法和适用场合，需要教师结合实际需求和以往常用的方法合理选用（见表4-1）。

表 4-1　常见的教学方法分类

教学对象		认知领域	心智技能	操作技能	情感领域	能力整合
教学方法	低层次水平	讲授 问答 演示	演示 现场教学 现身说法教学	演示 见习实习	讲授 讨论 谈话	讲授 演示 讨论 思维导图
	高层次水平	研讨 案例研究 角色扮演 支架式教学 抛锚式教学 随机进入教学	模仿练习 研讨 案例研究 实训 探究式学习 头脑风暴 抛锚式教学 随机进入教学	分层教学 任务教学 模仿练习 研讨 案例研究 实训	探讨 角色扮演 抛锚式教学 随机进入教学	案例研究 角色扮演 抛锚式教学 随机进入教学

在 STEM 课程的实施过程中，除了传统的常见教学方法外，还可以更多使用高认知水平的教学方法。

1. 任务驱动法

任务驱动法强调要把学生置于已经设计好的任务场景中，让学生通过实践活动完成真实的任务。通过教师的引导，学生循序渐进地完成由简单到复杂、由容易到困难的一系列"任务"，最终掌握隐含于任务背后的知识、技能和态度。

2. 脚手架教学法

脚手架教学法又称支架式教学法。教师需要围绕学习的大概念，建立一个概念框架，让学生在攀登的过程中，逐步把复杂的学习任务加以分解，最终导向自主学习策略的设计。这个理论是根据心理学家维果茨基的最近发展区理论发展而来，实施过程中需要确保每个学生站立的"点"是其已经掌握的知识"支点"，而要攀登的也必须是其所能"够得着"的，且在其"最近发展区"之中。

3. 项目法

项目法又称项目式学习。项目法强调设计思维和核心知识的理解。学生在做事中理解概念，形成专家思维，引发脱离具体情景限制的迁移。其具体的操作方法是让学生在一段时间内，通过研究一个真实的、具有吸引力的问题或项目，掌握重点知识和技能。

项目法的重点是学生的学习目标。学生的学习目标既包括基于课程标准的学科内容，也包括批判性思维、问题解决、团队协作等技能。项目法不应简单为了项目成果而做，更关键的是来自师生、生生对问题情境的共同探索，是一种基于核心素养和学习能力的项目式学习。

4. 多元教学法

为了更好地实现 STEM 教育，教师要敢于长周期、大跨度、强弹性地开展教学，敢于挑战教师的非专业领域，走出舒适区，熟练灵活地运用多元教学法，将 STEM 教育学科融合的优势和特点表现出来，最终也在 STEM 教育实践中获得自身的专业发展。

多元教学法不是简单的一种教学方法，而是在教学过程中，结合项目特征、学生反应和课堂实施情况，灵活调动多种高层次水平的教学法，相当于一个方法群（见图 4-4）。它可以是针对不同学生的问题解决方案的个别化教学，也可以是一种教学评一体化具有完整闭环的结构化教学；它强调多边互动的师生协作、共同参与，也突出以学习小组为单位的自主合作探究。通过多种教学方法的综合、灵活运用，达到教学高质量和项目推进高效率的目的。

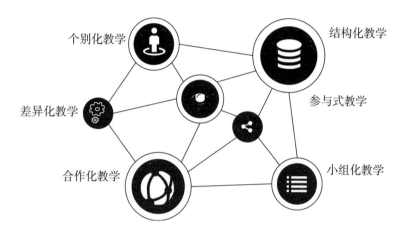

图 4-4　多元教学法

二、工程贯穿实施全程

什么是工程？工程是众人参与的有组织、有目的、有计划、有竣工时间限制、有验收标准、用技术手段打造具有实际用途的物件来改善或改变人类生活的实践活动。STEM 课程的项目内容大多以工程为主干推进。工程实践中形成的有效地处理实际问题的意识、思维和方法，系统性解决问题的方式和手段，对于推进 STEM 课程建设具有特别重要的意义。

（一）设计一个好项目

STEM 课程的优势不仅是在"做中学，学中做"，更重要的是能提高学生的分析能力和创造能力，实现高阶思维的培养。为做到这一点，需要确保设计的项目具有一定程度的开发性，能够通过一定的思维训练，激发学生的发散思维。

很多从事 STEM 教育的教师误以为，发散思维和开放性答案是学生实践过程中天然形成的，殊不知好项目的开放性和多样性是"被设计"出来的。好项目要明确在什么约束条件下呈现出要讲解的知识点，同时又能确保学生在实施过程中具有发挥想象力的空间。好项目甚至可以起到牵引学生设计思维、激发学生想象力和创造力的作用。

一个好项目应该考虑设计项目的约束条件和学生的知识储备。

例如，在某个 STEM 课程中，教师思考的设计载体是学生用的台灯。这样的载体虽然贴近学生生活，容易设计也容易测试，但由于台灯是销量很大的常用家庭电器，其功能性能在现行技术下几近完善，很难让学生对其有更多的想象和创造。如果教师把设计项目的范围定得太广，那么学生在接触到题目时可能会因为茫然无措而失去目标。如果教师缺乏一定铺垫的引导，学生依然只会把设计对象锁定在自己最熟悉的对象——台灯上，对学生来说没有裨益。

设计一个开放性的项目，对于传统的学科教师来说略有难度。毕竟物理、化学、生物学的学科实验更多是指向固定、有标准答案的验证性实验。这时，要回归科学实验的本质，像科学家一样思考：如何提出假说，如何论证问题，如何收集数据，如何设计实验，等等。设计之初，要先明确学生已掌握的知识体系和需要掌握的知识，再通过设计项目，将其贯穿起来。如果没有灵感，可以从该实验的演变过程中获得一些启发。

例如，在讲解"声波到电波的转换"时，不仅可以利用现行电话的碳粒膜盒通电的方式，也可以使用电话发明过程中废弃的方案——利用固体电磁铁或可电解溶液等（见图 4-5）。除了通过多种实验途径让学生观察变化与现象，也可以让学生深刻理解其技术现象和科学原理。

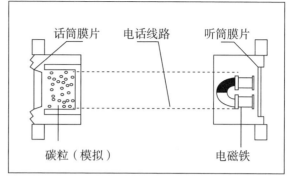

图 4-5 从声波到电波的转换原理与电话的发明

（二）定义一个好问题

我们往往会遇到这样的情况：有的学校决定开展创客活动，兴冲冲地配备3D 打印机，满怀欣喜地希望这个"高科技"能应用于科学课或数学课。结果发现一个简单的模型要打印一个上午才能完成，根本无法在四十分钟的课堂上实现教学目标。又如，有的老师说服学校为其开设的"开源硬件"课程购买了30 套 Arduino 套件。等到期盼的硬件终于到位，以为可以让学生们的想法得以物化实现，结果发现拿到的是脆弱的电子元件和经常接触不良的面包板，课堂上老师大半的时间都用于帮助学生进行故障排查和纠错。如此种种，让人觉得 STEM 虽美却充满遗憾。

采用先进的设备作为教具或项目实施载体，由于其充满高科技元素、富有设计感，会让学生拥有一定的学习热情。但如果项目与教学知识内容脱钩，反而容易让教学效果落后。因而，项目的确定要建立在脚踏实地的调研的基础上，好的问题比好的设备更重要。这要求项目在设计时，要对关键问题或驱动问题有精准的分析诊断，明确项目的需求。现以"发霉图书保卫战"为例，具体分析如下。

发霉图书"保卫"战

开学伊始，深圳市盐田区云海学校的高年级学长带着新入学的学弟参观学校图书馆。在介绍图书馆情况的时候，发现很多图书受到不同程度的破坏，普遍有发霉甚至破损的迹象。爱书的学生十分着急，认为学校保护图书措施不当，图书管理员保护不利。

学生只观察到现象和表象，由于知识储备的不足，导致其主观臆断，把问题笼统、模糊表述为"书发霉了""因为保存环境不好导致书本有异味"等。为了准确描述问题，可以通过以下步骤实现。

1. 系统分析

对问题的分析本身是一个全面而复杂的系统工程，其中包括知识领域、相关技术、建模算法、过程步骤、成本估算、项目需求等。案例里出现的书本霉变问题，乍一看是个生物学学科的问题，但它涉及霉菌生长条件、学校所处大环境气候特征分析、具体图书馆选址分析、图书摆放位置、纸张材料质量等多方面多知识领域的综合性系统分析，由此便具备了项目 STEM 课程化的必备条件。

2. 广泛调研

在这个阶段，不要急于求成，不着急下结论，而应该广泛进行调研，收集信息以便形成问题解决的最佳方案框架。调研主要有直接调研和间接调研两种（见图 4-6）。

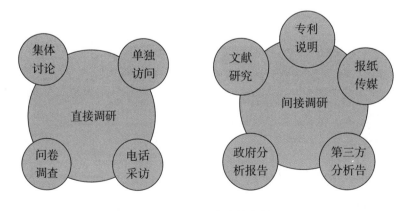

图 4-6　调研方式的分类

直接调研的对象不仅有管理者，还应把所有相关人员都纳入进来，并在集体讨论、电话采访、单独访问、问卷调查等形式中选择适合调研对象的方式进行调研。例如，在"发霉图书保卫战"案例中，调研的对象除了图书馆的管理人员，还包括借阅书籍的学生、帮忙打扫卫生的阿姨、气象站负责的学生。

间接调研则是指调查者不直接与被调查者接触，通过中介向被调查者进行调查的方法，包括文献研究、报纸传媒、第三方分析报告等方式。例如，在"发霉图书保卫战"案例中，教师可以指导学生通过查阅"古书籍的保护方法""书籍霉变情况分析"等相关文献资料，获得不同领域知识协同解决问题的框架与方向。

间接调研的方法建立在"巨人的肩膀"上，它可以利用前人发现的问题及对问题的分析和解决，简化调研的过程，得到有效的思路和方法，同时形成对课程实施结果较为明确的判断和预期。

（三）明确一种新需求

需求包括对问题解决的内在需求和外在约束限制。其中，内在需求指向问题解决方案的合理性和最优解。外在约束限制包括技术、工具、设备、时间以及经费等成本需求，其中技术及工具的需求构成对项目最重要的制约因素。

明确需求的第一步是要确保需求能用"工程语言"准确地表达出来。如果没有清晰而准确的表述，就无法确定具体的问题所在，也就无法明确真正的需求，更不用说设计出合理的、最优的问题解决方案了。

对于低年级的学生，教师在开展项目设计与指导时，一般都会以设计要求的方式提出需求。此时的"需求"需要教师帮助学生来解构，并阐明其技术内涵，尽量减少项目的开放性。对于高年级的学生，要更多指导他们进行头脑风暴、逆向思考、发散收敛，掌握创新思维技法，更精准地明确项目需求。

对于技术和设备的需求和选择，教师在设计时可以利用量化的方法来做标识。一般用 1—10 来进行标记：10 表示最重要，1 表示最次要。另外，可以利用列表的方式来明确哪个载体更符合课程项目设计的需求。

随着开源硬件的普及和创客运动的推广，STEM 课程中渗透一定的技术套件以丰富设计项目、展现设计创意成为 STEM 课堂的闪光点。但在具体实施前，如果选择不到合适的套件和技术载体，这就将成为影响课程教学进度、拖缓实践周期、减弱学生学习热情的重要因素。在选择时，需要利用工程方法，对相关技术载体进行判断和衡量，实施量化决策。

例如，设计一个攀爬台阶的自适应小车（高中阶段），其技术套件选择见表 4-2。

表 4-2　设计一个攀爬台阶的自适应小车所需技术套件分析表

技术套件	功能作用	所需知识	契合度权重
Arduino 套件	可以利用分立电子元件完成最小系统搭建，实现自适应运动，成本低。	编程、最小系统的电路搭建、焊接等。	8
树莓派	通过嵌入式系统，编写可执行文件完成复杂功能，可通过安装驱动增加多种输入输出设备，成本高。	熟悉 Linux 或 Windows 可执行文件编程与安装，通过安装或编写驱动实现输入输出设备的拓展。	3
乐高头脑风暴机器人系列	能通过庞大的积木构件完成结构拼搭，通过图形化编程完成程控部分，成本较高。	熟悉乐高积木拼装技巧、简单连线与配套图形化编译器。	9
童心制物（MakeBlock）创客空间系列	通过单片机主控编程，运用金属连接构建结构。	熟悉工业金属件搭建与单片机编程方法。	8
可可乐博（CocoRobo）AI 实验套装	利用 AI 主控板和网端服务器实现诸多人工智能功能。	熟悉 Python 编程，能利用服务器端已有算法实现对应功能。	8

从这个案例中不难看出，基于先有套件设计项目，是企业推销套件的做法，很难让课程回归初始设定的目标。而利用量化的方式剖析自身项目与不同主流套件的契合程度，从而进一步选出课程项目适合操作的载体，是教师实施课程时不可或缺的一步。条件成熟时，甚至可以根据课程目标，选择多套件支撑课程实施。

（四）撰写一份好摘要

在完成调研与需求分析后，需要将所获的信息进行处理，整理成项目设计摘要，从中明确课程设计的主要框架与脉络。项目设计摘要包括设计问题、制约因素和评估标准三个部分（见图 4-7）。

图 4-7 项目设计摘要三要素

设计问题是对项目问题的准确表述，也是从学生的角度对项目任务要求及评价权重的内容的表述，直接引出项目需求与项目的评价标准。

制约因素是指在分析上一环节后，总结出的影响该项目推进的各种因素，一般分为"基于项目工程特性的制约因素"和"基于项目产品销售的制约因素"两大方面。

基于项目工程特性的制约因素多从时间成本、人力成本、材料成本和工程档案四个方面来考量，进而确保项目可以在一定时间周期内、在规定的人力成本和材料成本的限制下，高质量完成。

基于项目产品销售的制约因素主要涉及针对项目产品的商业运作考量，其中包括生产成本、收益利润、供应商及销售渠道等。这在我国 STEM 课程实施过程中经常被忽略。考虑项目产品销售的制约因素，目的是用实际销售成果验证项目在真实环境下的实施效果。在欧美等发达国家和地区，STEM 教育的项目问题之所以要基于真实的场景或环境设置，就是要在项目实施时，利用商业收益来衡量项目设计目标，并将其作为重要的评价因素。

项目设计的评价需要一个多维度多权重的评价体系。一般以产品为最终产物的项目，其评价都会从"安全性""可靠性""功能性""可持续性""美观性""创新性"等几大维度进行，以训练学生的系统思维能力和辩证思考能力。工程档案是体现和评价项目实施科学性和规范性的重要物证。它包括会议记录、草图、计算和笔记等多种形式。在基础教育阶段，工程档案多以工程日志或工程笔记的形式呈现。工程日志有其规范的做法和要求，需要遵循其要求和规范，确保能够证明项目在具体实施中的独特性和创新性。

项目设计摘要是之前课程设计各环节的总结概括，也是对后面细节设计的总体规划和布局，为整个课程项目设计奠定了框架和基本保障。

现以制作"人工鸟巢"的项目设计摘要为例，具体分析如下。

1. 设计问题

利用三合板、松木棒、松木片、雪糕棒等材料设计并制作人工鸟巢，在学校进行悬挂。安装小型监控，在教师指导下观察人工鸟巢的使用率和鸟类的繁殖行为。

2. 制约因素

（1）基于项目工程特性的制约因素

时间成本：必须在 10 个课时的教学周期内，即 5 周内完成产品制作并交付校方用于观察鸟类。

人力成本：必须 4 个人构成一个小组共同完成项目。

材料成本：简易的木质耗料及木工加工工具、监控摄像机、雏鸟及饲料。

工程档案：小组以工程笔记方式记录。

（2）基于项目产品销售的制约因素

生产成本与收益利润：必须带来 20% 左右的收益利润。

供应商与销售渠道：通过与区农资销售部门联系，形成销售渠道。

3. 评价标准

安全性：鸟巢固定方式合理，确保安全，不至于高空跌落砸中路人。

可靠性：能与鸟类居住的生理特性相匹配。

功能性：能提供鸟类愿意居住的场所。

可持续性：能维修和再利用。

美观性：外形美观，与校园环境融为一体。

创新性：依托于雏鸟喂养，增加新的监管或居住方向的电气化、自动化功能。

（五）规范设计与制作

设计与制作是 STEM 课程实施的核心要素和关注焦点，目标的实现与否、成果能否达到预期直接取决于设计与制作的规范和有效。

不同项目有不同的设计与制作要求和规范，也有不同的原型和产品。但所有的项目在设计制作过程中，都要求学生运用已经掌握的知识和技能去解决问题，论证猜想，探索新知识，掌握新技能。其中，数据的分析和处理、确保产品的多样性是最具共性且最关键的环节。

1. 科学处理数据

数据的记录和量化分析是科学分析和解决问题的基础。数据的处理包括测量工具的选择、测量方法的应用、测量技术和测量数据的记录处理等。其中，数据的记录和处理是在不同阶段的 STEM 课程中都应该有所体现的。

以石斛种植为例，数据记录需要做到以下几点。

种植石斛前应进行实验设计，画出记录图表，明确实验步骤及对比实验要求，这样才能在实践中进行不同基质下的对比实验（见表 4-3）。第一组用颗粒泥炭、松树皮、碎石以 4∶4∶2 的比例混合种植；第二组以松树皮、水苔组合种植；第三组以莎罗皮上种植为主。在生长的温度、光照和湿度相同的条件下，对比不同种植基质对铁皮石斛的影响。

表 4-3　石斛种植数据记录表

编号	第一天种植	种植一周	种植两周	种植后第三个月的对比	
				种植后三个月	智能种植后三个月
第一组	质量： 株高： 根部： 长势：				
第二组					
第三组					

学习和处理实验数据时，要引导学生自觉运用各种图线来分析问题和描述规律。很多学生在进行数据记录和处理时，总以为单纯利用方程式等数学方法就可以得出一定的结论或问题的数学模型。但在具体的处理中，我们要采用实验数据处理的方法，提高实验结论的客观要求，减少实验误差，提高可信度。例如，利用拟合曲线的数学方法，减少数据结果的随机误差。

利用图线法来研究和解决问题，需要从易到难逐步推进，让学生在多次反复使用后逐步体会图线法的优点，并逐步形成分析问题的能力。

值得注意的是，在 STEM 课程设计中，很难通过一个项目载体去说明某一种数学算法或数学规律，但却能在多学科融合的项目中，不断锻炼学生处理数据的思维和能力。通常，数据处理的方法有参数估计、方差分析、回归分析和假设检验等。其中，参数估计是对某些重要参数进行点或区间的估计。方差分析是分析各因素对考察指标的影响的显著程度，是统计方法。回归分析是获得反映事物客观规律性的数学模型。假设检验是判断各种数据处理的可靠性。

在真实的实验数据处理中，我们通常将正交实验设计与方差分析结合起来应用，进行推导和验证。利用方差分析引发学生思考引起误差的错误操作、误差偏向和造成误差的原因等，不仅可以让学生对实验原理和过程有更加深入的了解，还可以训练学生的发散思维。

科学地分析和处理数据可以培养学生实事求是、尊重客观事实的科学精神。在开放性项目中，实验观察的现象、采集到的数据、得到的结果，可能跟一开始的预期不一样，与书本里写的不一样，与其他同学的也不一样，有时甚至会导向一个失败的结果。但这对于学生来说同样是宝贵的经历和财富，可以锤炼其科研的道德品行和职业操守，意识到失败是重组自己学习的重要组成部分，为以后的研究奠定扎实的基础。

2. 确保"产品"的多样性

在设计课程之初，很多老师都苦恼于如何让学生在课程学习后，通过呈现不同的"产品"来反映他们的学习成果，如何找到一个实物载体来作为课程的"产品"。其实，学生通过课程的学习活动和实践所产生的成果，都是课程的"产品"。如在设计阶段出现的设计草图、设计工程图、撰写出来的设计方案，以及制作过程中用来论证细节设计的各种模型，包括纸模型，都可以视为课程带来的"产品"。

特别是在数字化时代，学生都已经是"数字原住民"，教师应该懂得新兴技术与课堂教学的整合，以此凸显 STEM 教育的创新性。

以制作一个具备区分 1 元和 5 角的硬币分拣存钱罐的设计题目为例，可作出以下规定。

项目要求：制作一个自动分拣不同类型硬币的存钱罐，自动区分 1 元和 5

角，并分开区域摆放，从而让存钱罐里的硬币一目了然。

设计分析：利用1元与5角两种硬币在物理特性上的区别实现分拣，如直径的区别、重量的区别、材质的区别等（见表4-4）。

表4-4 "硬币分拣存钱罐"设计分析

依据	轨道	图例	设计理念	风险点
硬币重量	无	5角滑落 压下后1元滑落 重物	机关设计成跷跷板形式，依靠自由落体的重力，5角硬币无法翘起重物，1元硬币可以。	1.容易受到投币时冲力的影响。2.两币的重量接近，很难做到准确区分。
	无		上下两层空间，中层是5角硬币大小缝隙，上下两个口在一条垂直线上，1元硬币无法穿过中层小口停留在上层空间，5角硬币直接跌落下层空间。	1元硬币会堵住中层缝隙口。
硬币大小	滑行轨道	俯视图	让硬币在轨道面滑行，在轨道槽中开一个或多个适合5角硬币掉下的圆孔。	1.轨道的摩擦力对硬币的速度影响较大。2.速度过快，由于惯性作用，5角硬币飞过圆孔。
	滚动轨道	俯视图 1元 5角	让硬币在轨道中滚动，在轨道槽中开一个或多个适合5角硬币掉下的缝隙。	速度过慢，会让1元硬币卡在轨道的掉落缝隙上。

依据	轨道	图例	设计理念	风险点
硬币大小	Y形滚动轨道		硬币垂直掉落，Y形岔口处，5角硬币可直接穿过，1元硬币从斜道处滑出。	成功率低，5角硬币经常从1元硬币通道滑出。
	组合型滚动轨道		通过滚动轨道和遮挡板上的圆孔，利用硬币的惯性，5角直飞过圆孔，1元被挡住，顺着遮挡板滑到另一空间。	平放在桌面上成功率为100%，但是桌面过于倾斜，会影响效果。

除了利用新技术手段来实现课程"产品"的多样化外，更关键的是通过教学设计和项目引导，让学生发挥自己的想象力，通过设计分析、方案筛选、概念设计、细节设计等不同过程，体现出课程"产品"的多样性，确保学生在设计制作过程中想象力得以发挥，创造力得到培养。

在"发霉图书保卫战"的项目中，需要制作一部可以自动攀爬图书馆楼梯的小车，以减少图书馆工作人员在不同楼层间搬运书籍的负担。教师可以"攀爬小车"为载体，以积木套件为模型，从增大轮毂直径以增大扭矩、增加齿轮组以增大扭矩、增加蜗轮蜗杆机构、增加折叠底盘等方面引导学生学习与思考，最终呈现出多样化的小车作品（见图4-8）。

只有呈现了课程"产品"的多样性和学生成果的丰富性，才是符合STEM学习标准的课程，才是学科融合的课程，才是能真正发挥学生想象力、创造力、实践能力和决策能力等高阶思维的好课程。

增大轮毂直径

增大扭矩

增加齿轮组增大扭矩

增加折叠底盘提高攀爬能力

增加蜗轮蜗杆增大扭矩力

小车作品

图4-8　呈现出解决方案多样性的攀爬小车设计

（六）持续迭代和优化课程

这一步骤是课程的检查、反馈、评价与改进过程。在这个步骤中，要根据评价结果，获得反馈意见，发现课程中存在的问题，从而进一步修正与优化。STEM课程受到开发周期、教师知识储备、学生能力水平等诸多因素制约，不可能在第一个实施周期就尽善尽美。课程目标的定位和方案的编制需要在多次实践反馈后才能趋于完善。一般来说，STEM课程都应有三年的试验期，之后才能作为一个较为成熟的课程去推广。

STEM课程教学推进到最后阶段，必然要运用合适的评价工具，揭示学生在知识、技能、方法和情感态度方面所处的水平，通过评价反馈出学生的元认知水平、团队协作能力和思辨思维能力。这些评价工具将在本册第五章做详细介绍。

总之，课程实施过程中的环节相互关联，成为一个综合应用科学、技术、工程、数学的知识和技能解决问题的闭环。在这个闭环中，教师要不断回溯、不断反思、不断修正。实施课程的过程就是一个工程项目不断完善、不断发展的过程。

第二节 活动为载体，综合拓展延伸

活动是学校开展教育教学的重要形式，是学生喜欢的一种学习方式，也是育人的重要载体。STEM 教育的落地，最终要通过各种各样的活动来实现。2017 年发布的《中国 STEM 教育白皮书》认为，STEM 教育是一场国家终身学习活动，STEM 教育可以通过多种形式的活动吸引青少年爱科学、参与 STEM 实践活动。同年，教育部发布《中小学德育工作指南》，明确指出了课程育人、文化育人、活动育人、实践育人、管理育人、协同育人六种育人途径，活动育人是其中的一条重要途径。STEM 教育项目从选题到实施，再到成果展示，无不与活动相关。可见，以活动为载体，挖掘 STEM 教育内在的活动育人的功能，把育人落到实处，既是实施 STEM 教育的有效方式，也是落实 STEM 教育、培养具有核心素养的社会主义接班人的重要举措。

一、基于学科，开展创意小制作

STEM 教育强调"学中做、做中学"的课堂教学模式，使学生在参与以项目和问题解决为基础的学习活动中，运用跨学科的知识来解决生活中的真实问题，从而培养学生的批判性思维、协作意识、创造能力、创新精神和问题解决能力。STEM 教育强调跨学科融合，但在实际操作中，跨学科融合项目的开发对教师的要求非常高，因此，学校开展 STEM 教育可以采用美国马里兰大学赫希巴奇提出的"相关课程模式"（余胜泉 等，2015）。另外，STEM 教育可以借鉴创客教育开展的方式（曾婷，2017），灵活选择合适的学科内容进行创意小制作，从创意小制作开始，融合创客教育，再形成 STEM 教育的特色项目。

基于学科进行创意制作的优点是教师熟悉内容，方便引导学生，课时充足，学生参与面广，容易找到学生感兴趣的题材。基于学科的创意制作要注意以下原则（见图 4-9）。

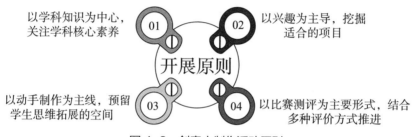

图 4-9　创意小制作活动原则

1. 以学科知识为中心，关注学科核心素养

以学科知识为中心是指要找出本学科或几门学科知识点间的联系，以某一项目为核心对知识技能进行重新整合。创意制作可以基于学科又超越学科，在当前的教育背景下，以某个学科为主要载体，聚集学科核心素养，是开展 STEM 教育的可行道路之一。如在学习透镜时，可以开展望远镜或显微镜的制作活动。另一种方法，是基于本学科的核心知识，与动手操作性强的学科结合，采取相关课程的模式，开展创意制作。如在讲时区的内容时，可以与通用技术课程结合，制作地理时区转盘。学生在地理课堂上学习时区的知识，在通用技术的课堂上对地理学科的知识进行物化。

2. 以兴趣为主导，挖掘适合的项目

学生深厚的兴趣是开展创意制作的前提，没有兴趣就容易失去学习的动力，学生对项目感兴趣的程度在一定程度上决定了 STEM 教育的效果。要挖掘学生感兴趣的、适合学生认知水平的项目来开展创意制作活动。首先，适合

的项目要从生活中来。STEM 教育往往是由真实问题驱动的，问题是否经得起科学论证，是决定 STEM 课程走向的关键。其次，创意制作要适合学生的实际水平，相对容易、学生能充分动手的项目更能吸引学生参与。最后，材料需方便获取，容易加工。材料是制约创意制作的重要因素之一，合适的材料是指材料容易获取、价格便宜、加工方便。一方面，如果项目的材料获取方便，造价合适，项目就会更容易获得学校和家庭的支持；另一方面，材料的加工工具简单安全，能够为创意制作开展提供保证。例如，挖掘机模型的制作与探究、投石机的制作、木桥梁结构承重等项目，由于其取材方便、加工工具简单安全，故比较适合中小学生开展创意制作活动。

3. 以动手制作为主线，预留学生思维拓展的空间

创意制作一方面要强调基于学科中的关键知识和能力进行学习，另一方面要鼓励学生充分发挥想象力，创造性地设计并制作作品，这样才能将动手制作与设计要素融入学科教学中，通过高阶认知带动低阶认知学习。在创意制作中，学生是否有自主的设计空间，是决定项目成败的一个重要因素。一方面，项目设计要让内容容易习得，也要让不同层次的学生展示不同的方案，体现不同层次的思维，这样学生才会花更多时间投入到项目学习中来；另一方面，给学生足够的设计空间，对于培养学生的创造性思维有极大的好处。按本杰明·布卢姆的认知领域六层次分类（由低到高分为记忆、理解、应用、分析、评价与创造），在传统的课堂教学里，很多教学在前三个层次里耗费了大量的时间，但在项目设计中，给学生留有足够的设计空间，让学生来做高级认知水平的活动，这样更容易培养高阶思维。

4. 以比赛测评为主要形式，结合多种评价方式推进

结合比赛来开展活动，以比赛的标准来检测项目的效果也是目前非常现实的一种 STEM 教育方式。STEM 教育可以沿用比赛测评的方式，采取现场竞技、实物展示、作品解说等多种形式，可以只采取其中一种测评，也可以多种形式

同时进行。首先，比赛是创意制作的一种成果展示的方式，能够看到学生最终的成果，也能反映出学生对设计技术的理解程度，尤其是现场竞技的形式，能够反映出学生的测试与优化能力；其次，比赛能检验项目的设计合理程度，也能锻炼教师的课程策划能力；最后，比赛时热情高涨的参与和竞争氛围是大家都喜闻乐见的，一定程度上会提升项目的受欢迎程度，使其在学校实现可持续发展（郑敏祥，2020）。

例如，"自制电动车"是东莞中学松山湖学校通用技术学科开展的经典设计项目，它通过设计并制作一辆跑直线的电动车，让学生认识传动比及电机的参数，培养学生的核心素养（见图4-10）。项目与汽车波箱和山地车相关，从学生生活中来，取材便宜，加工方便，包括3V直流电机、齿轮、车轮等，每组成本不超过10元；留有足够的设计空间，不限制作材料和传动装置，不限加工工具。由于上述因素，在实际制作中，出现了不少独特的设计，如"四轮底盘"的车和"坦克底盘"车，"海豚车"与"公共汽车"，"F1赛车"与"超酷跑车"，用激光切割加工、3D打印机打印、台式曲线锯加工的小车，选用皮带轮的车和选用多齿轮传动的小车，等等。评价方式包括结构造型评分和电动车10米竞赛两部分，比赛安排在科技节期间，由班中选出2组，10米赛道更快到终点者胜。这样结合比赛进行评价，学生的兴趣非常高，每年科技节比赛场地人山人海，此项目也被推广到东莞全市。

图4-10　学生"自制电动车"比赛现场

二、结合节庆，凸显 STEM 元素

除了课堂学习，学校会经常举办各种节日庆典活动、各种仪式活动、校园节（会）活动等。节庆是学生学习生活的重要组成部分，也是 STEM 教育的重要资源。充分利用学校的节日庆典来开展 STEM 教育是一种可行的方法。

结合节日庆典来开展 STEM 教育，既符合问题来源于学生真实生活的要求，也拓宽了 STEM 教育的实施路径。利用节日庆典来开展 STEM 教育可以从选题、实施和展示三个环节去整合思考（见图 4-11）。

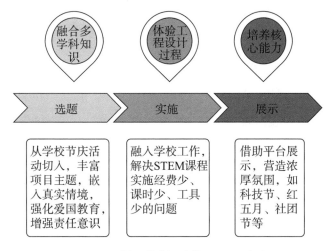

图 4-11　基于节庆活动的 STEM 实践

1. 依托节庆，挖掘好选题

好的活动选题是活动成功的首要条件。它能成功吸引学生的兴趣，激发学生的好奇心、参与欲和表现欲。除了常规的校园节庆活动，中华传统节日、国家重大节日、纪念日和主题教育日等活动都蕴含着丰富的教育内涵和 STEM 教育资源，2013 年中共中央办公厅印发的《关于培育和践行社会主义核心价值观的意见》指出，要重视民族传统节日的思想熏陶和文化教育功能。STEM 课程可以充分结合相关节日来开展活动。

元宵节可以开展电子花灯的制作活动，植树节可以开展浇水器材的制作活动，健康日可以开展健康调查与保护健康的器材制作活动，等等。东莞市常平镇板石小学的STEM项目"万物知时节"就是以我国二十四节气为主题的课程，学生通过调查研究，设计并制作出二十四节气相关作品（见图4-12）。

图4-12　学生制作的二十四节气时钟

我们可以采用头脑风暴的方法来选出合适的主题，把学生感兴趣的话题、师生的特长、社会关注点与节日庆典活动进行关联，挖掘出活动主题。例如，学校每年都会举行义卖节，如何将这一节日和STEM关联起来呢？东莞中学松山湖学校是这样做的：学生感兴趣的话题是网红，学生课堂常做的活动是做手工皂，于是由化学、生物学和通用技术学科教师构成课程开发团队，将这些因素进行头脑风暴，提取了义卖节STEM活动主题——网红手工皂设计与义卖。

2. 以核心环节切入学校特色文化

学校一般从开学起就会制订节庆活动计划，节庆活动从启动到结束都有着非常强有力的组织，它对人员的安排、场地的选择、活动的时间与步骤、经费的支持等都会有到位的安排。目前STEM教育的开展，除了遇到跨学科整合设计的难题外，也有诸如课时少、缺少经费等问题，如果能将STEM教育的对应环节融入学校的节庆活动中，很多问题就会迎刃而解。要将STEM项目融入学校的节日庆典中，除了按照STEM课程的设计方法做好课程规划，还要分析STEM项目的内容和学校节庆活动的步骤，将项目的内容分成相应的步骤，与学校活动的步骤相吻合，借学校活动的"东风"来开展STEM项目活动，这样实施起来就会水到渠成。

如东莞市寮步镇实验小学的莞香 3D 建模活动，就是借学校开展的"香文化"主题活动而开展的，它将莞香调查研究、莞香博物馆的设计制作、莞香相关物品的展示融入学校主题活动的启动、调查、展示等环节中，解决了经费不足、课时少和无设备的问题，同时丰富了学校的主题活动，因而引起了校领导的重视，最后学校开始重点打造此课程并进行推广。图 4-13 是学校的作品展示。

图 4-13 "莞香"3D 建模活动成果展示

3. 借助节庆活动展示 STEM 课程成果

节庆活动由于活动丰富有趣、仪式感强、参与面广、活跃度高而广受学生欢迎，甚至也会引起家长和社会的关注，这为 STEM 课程的成果展示提供了一个非常有效的平台。借助这一平台，STEM 项目团队有在其他同学面前推荐自己学习成果的机会，有助于其增强自信心、荣誉感和成就感。同时，在产品的展示推介、互动交流、反馈评价过程中，学生会重新熟悉、回顾、反思 STEM 项目的活动过程，促进知识和技能的进一步内化。展示 STEM 课程成果可以利用产品发布（销售）会、创意文博会、我为家乡 / 学校代言等形式。学生针对项目用心设计海报、精心布置展位、全方位推介产品，发展财经素养、职业意识等。

借助节庆活动来展示 STEM 课程成果，还可以采用将原有节庆"升级"为 STEM 节日的形式。东莞中学初中部"STEM+ 创客义卖"活动就是学校将每年一次的生物小创客比赛及创意集市义卖活动进行了"升级"。学生借助跨学科融合来解决生活中遇到的问题，创作出提升人们生活质量的"生物小创作"，力争逐步实现从"消费者"到"生产创造者"的转变。这些"生物小创作"有生物环保干燥剂、特色鸟巢、环保蚊香、酵素、个性馒头、创意盆栽、精油、人工琥珀，还有基于生物学原理的益智玩具、实验大连环套装、3D打印的生物学作品等。学生借助新技术新装备现场帮助同学们体检，受到师生的热烈欢迎。

当然，利用节日庆典活动来开展 STEM 教育，也要求我们在设计活动时遵循 STEM 课程设计的方法，目标、内容和过程也要蕴含 STEM 教育的元素，这些在本书多个环节皆有阐明，在此不再赘述。

三、挖掘特色，打造科创品牌

在开展 STEM 教育的起步阶段，学校可以从自身实际出发，结合师生特点，利用相应资源，聚焦某个运转较好的社团或者某个较为成熟的活动，将其 STEM 化；在 STEM 教育逐步运转成熟后，可以利用国家课程与校本课程，结合学校的特色文化，构建自己的课程体系，打造学校的科创品牌。

1. 聚焦特色，将原有活动 STEM 化

活动是学校教育的载体，学校的特色活动是学校文化与办学理念的体现，是形成特色文化的有效途径。一旦某个活动成为学校的特色活动，学校便会适当倾斜资源并全力支持其开展。学校的特色活动一般已经具备一定的开展基础，可以从这些活动入手，从师生基础、学校特色、校内外资源等方面对活动进行二次开发，将其 STEM 化，经过实践检验后，在学校推广普及，从而形成学校的品牌活动。将原有活动 STEM 化的好处是，一方面能扩大 STEM 教育在学校的影响力，另一方面能起到以点带面的作用，带动其他项目的特色化

发展。当然，在活动开始阶段可以降低对STEM活动的要求，不必强调科学、技术、工程和数学都要涉及，关键在于让学生了解工程设计的过程，提高学生参与STEM教育活动的兴趣。学校特色活动STEM化的流程见图4-14。

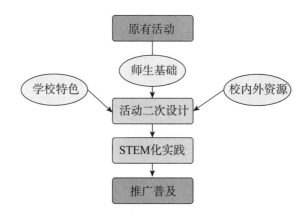

图4-14　学校特色活动的STEM化

学校原有活动的STEM化，首先要分析活动是否符合学校的特色文化。东莞市松山湖实验中学的"尊重智慧　科学创造"活动就是学校将"创意金点子"活动进行了二次开发。这个项目是很多学校都会举办的活动，中小学生参与的热情高涨，但一般学校的活动方式是发布通知、收集作品、评比奖励。东莞市松山湖实验中学从自己"创新、创造、创业"的办学特色出发，结合学校身处松山湖国家高新技术开发区有众多高新企业的优势，经过多名专家教师的指导，将原来简单的比赛转化成"尊重智慧　科学创造"活动。该活动分为"识权、创权、护权、宣权"四部分，通过组织调研让学生了解知识产权的作用，通过创意金点子和校园绿化等设计引导学生创新发明，最后开展护权和宣权活动（见图4-15）。这样经过改造的活动特色非常明显，学生申请了多项国家专利，学生的部分创意作品也在省市竞赛取得了优异的成绩，该活动现在已经成为学校的品牌活动。

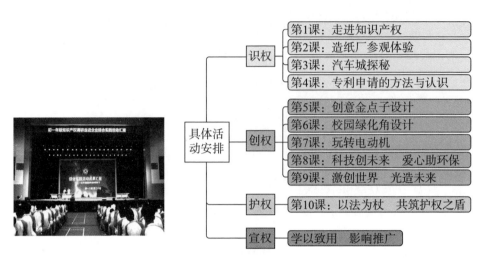

图 4-15　东莞市松山湖实验中学"尊重智慧　科学创造"活动安排及现场

2.完善 STEM 课程体系，打造学校科创品牌

学校的课程体系需要依据学校的育人理念、学生的需要、校内外教育资源等进行科学的规划和建设，从而构建出适合学生发展需要的、具有学校特色的显性与隐性课程体系。在把原有的活动 STEM 化并开展得较为普及和成熟后，学生的兴趣与特长逐渐出现了差异，这时就需要不同的课程来适配不同学生的发展，以实现学校的育人理念。因此，可以从实际出发，完善学校的 STEM 课程资源，依据学校的办学特色，对照部分科创竞赛和学校的育人目标，逐步构建 STEM 课程体系，打造学校科创品牌。

一方面，可以根据课程类型和实施路径来完善 STEM 课程资源：必修课程可以从综合实践活动、研究性学习或者技术课程入手，采用项目设计和模块嵌入的实施路径；选修课程可以从校本课程出发，采用开发 STEM 基础课程、特色校本课程 STEM 化、企业 STEM 课程资源校本化的实施路径(见图 4-16)。另一方面，也可以根据学科和社团开展的拓展活动来完善学校的 STEM 课程资源，如物理学科开展的教具设计、化学学科开展的手工皂制作、地理学科开展的环境地图的调查、历史学科开展的巧手做历史活动、绿尚社开展的废旧笔芯回收、创客社开展的智能小车制作等。我们可以根据活动的学科性质，将其开发成 STEM 课程在学科中实施，也可以将这些活动与社团相互联系，实现社团与课堂教学的优势互补；还可以从社会实践、研学旅行、劳动教育等入手，将活动课程 STEM 化，同时适当以科技竞赛为出口，做到因材施教，为更多拔尖创新人才脱颖而出提供机会和平台。

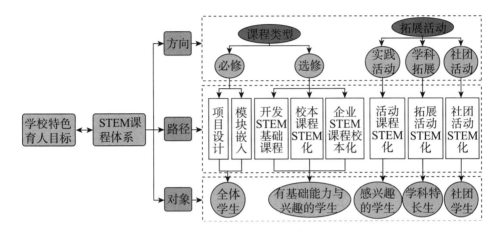

图 4-16　学校 STEM 课程体系建设图谱

　　东莞中学松山湖学校根据学校科技活动和综合实践活动开展的情况，将 STEM 课程分为三类：基础普及型、学科拓展型和高阶研究型（见图 4-17），即基于 STEM 的技术课程和研究性学习为主的基础普及型 STEM 课程，基于社团和学科 STEM 课程项目的学科拓展型 STEM 课程，以松湖创客班和人工智能课程为主的高阶研究型 STEM 课程。课程体系搭建后，学校要求在科技实践类活动开展时，逐步向 STEM 课程靠拢。根据学校的特色，学校建造了人工智能机械臂、大疆机器人、VR 艺术创作、生物仿生、无人机地理环境绘、创新创客等 10 间功能室来开展 STEM 活动。几年来，学校 STEM 教育快速发展，在竞赛中屡获大奖，践行着"培养学生独立的人格和个性，促进其创新发展、不断超越自我，成为终身有幸福感的人"的办学目标。

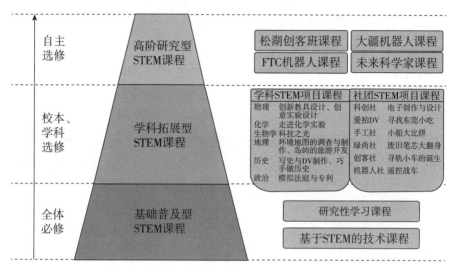

图 4-17　东莞中学松山湖学校 STEM 课程体系

第三节　协同为支撑，实现共建共育

《中国 STEM 教育白皮书》将 STEM 教育定义为：STEM 教育是全社会共同参与的创新教育实践。同时，STEM 课程是完成 STEM 教育的有效载体。STEM 课程实施，不仅要靠学校，还要因地制宜地引入家庭、社区、场馆等资源，构建 STEM 教育良好生态，拓宽 STEM 课程的实施路径。

一、开发家庭资源

相对于学校教育，家庭教育具有特殊且深远的教育影响。随着时代的发展，家庭教育在孩子成长与发展过程中的影响日益突出。如何巧妙、有效地实施家庭教育，与学校教育形成合力，提升学生综合素养，是家长和教育工作者亟待思考和解决的问题。近年来，国内外STEM教育领域的研究者逐渐关注将STEM教育与家庭教育进行融合，扬长避短，发挥两者的协同效应。

在家庭中开展STEM教育、实行STEM课程，现阶段还需学校指导家庭进行。家庭STEM课程应重点关注学生在真实的生活情境中，用理工科知识、技能与思维方式，综合性地解决（解释）问题、改良现状、形成对事物系统化认知的过程。在家庭开展STEM教育，既可立足于孩子兴趣爱好的培养，也可基于对家庭具体问题的探析，还可以社会重大议题为切入点。在开展过程中，孩子在轻松愉悦的状态下积极思考，在一次次寻求答案的过程中发展思维、建构知识。家长是孩子的有效引导者，与孩子一同解决因受年龄所限而无法深刻理解的问题。与此同时，家长对孩子的观察与评价也变得更加生动真实，他们在参与的过程中了解孩子的兴趣点、思维方式的闪光点、处事方式的优缺点等。多角度地参与、全身心地陪伴，必然带来亲子的深度交流。

（一）家庭 STEM 课程的特征

在家庭中开展STEM教育，能够弥补传统家庭教育与学校STEM教育的不足，将成为家庭教育的有效方式之一。因此，除具备STEM教育原有的跨学科、趣味性、体验性、情境性、协助性、设计性、艺术性、实证性和技术增强性等特征外，家庭STEM课程还应重点突出以下特征（见图4-18）。

图 4-18　家庭 STEM 课程的特征

1. 家庭主导

STEM 教育注重学生所学知识与实际生活之间的关联，强调立足生活，从真实的生活问题出发（秦瑾若 等，2017）。在家庭开展的 STEM 课程活动应更加贴合家庭实际，其主题应根据孩子的兴趣爱好、孩子发现的有趣现象、家庭亟待解决的问题以及孩子想要深入了解的社会性议题等进行选择。探究过程中，应以"家庭为主、教师为辅""孩子为主、家长为辅"的协作模式，充分发挥家庭和孩子的主观能动性，凸显家庭的主导地位。

2. 家庭成员多向互动

STEM 教育强调在群体协助中相互帮助、相互启发，进行群体性知识构建（赵慧臣，2017）。传统家庭教育中大多数家长的角色是威严、不可侵犯的，这就导致一些家庭出现了孩子不愿意跟家长沟通的问题。在家庭 STEM 教育中，家长和孩子组成亲子团队，家长作为孩子学习探究的参与者，与孩子共谋方案、共享喜悦，这就有效地消除了孩子对家长的戒备和排斥。家庭成员的多向互动，还有利于促进和改善亲子关系。

3. 在迭代中逐步深入

在传统家庭教育中，家长较为重视结果，往往忽视产生结果的过程。家庭 STEM 教育应更注重各环节的迭代与优化，注重工程思维的培养，孩子在批判与自我批判、肯定与自我肯定的发展历程中，优化思维结构。同时，在产品优化和改进的过程中，孩子能直面问题、积极思考，其思维发展能实现由低阶向高阶的转变，这本身就是比"结果"更宝贵的发展成果。

4. 家庭与学校协同配合

家庭 STEM 教育是学校开展 STEM 教育的有效补充。STEM 教育在国内还是一种新型的教育方式，家长对其甚为陌生。家庭 STEM 教育的开展，需要学校、教师在为家长提供培养学生多学科知识应用的能力、学科技能的掌握能力以及跨学科综合问题的解决能力的途径和方法的同时，还要为家长提供提升孩子生活能力、沟通能力、情感表达能力以及情绪调节能力的指导，让学校和家庭 STEM 教育相互配合、协同发展。

2020 年初，新冠疫情席卷全国，在居家隔离和"停课不停学"的特殊情况下，深圳市盐田区教育科学研究院指导各校开展家庭 STEM 教育。

家庭"制作玩具小车"案例

疫情期间，深圳市盐田区梅沙未来学校五年级陈同学发现家里的小弟弟在家实在无聊，连对平日里最喜欢的玩具车也不感兴趣了。陈同学在五年级的科学课中学过"力"的相关知识，决定制作一辆有特色的非电力玩具小车送给弟弟。刚开始只有陈同学和妈妈两人组成团队，后来他们又动员动手能力强的爸爸也加入团队中，同时，邀请学校科学曾老师作为指导老师。在老师和父母的帮助下，陈同学查找并复习了弹力、摩擦力等相关知识。经团队讨论，陈同学选择用橡皮筋的弹力作为小车的驱动力，并按照查阅资料、运用知识、设计草图、动手创作等工程制作流程不断优化和迭代，最后完成小车的创作，在此过程中对力学的相关知识有了深刻的认识。具体过程如下。

第一代小车（见图 4-19）：根据已学的力学知识，团队首先想到利用摩擦力和弹力作为驱动力，认为用材质较轻的木棍当车架，能走得又快又远。但在实践过程中车架太薄容易断，团队成员还在割东西时不小心把车架割坏了，并且车轮不便固定，第一代小车制作失败。

第二代小车（见图 4-19）：团队吸取了第一代小车的教训，在学校科学曾老师的提醒下，明白想让小车跑得远，还需要先了解玩具车的结构。于是，团队观察并剖析家里的玩具车的结构，查找相关资料。第二代小车用材质很轻的矿泉水瓶做车身，车体呈流线型，能够减少空气阻力，同时选择用橡皮筋带动风扇旋转产生的风力作为小车的驱动力。但在实践过程中发现，因所选橡皮筋拉伸的延展性不够，与之相连的风扇转不起来，且未考虑车轮重量，车身也刮到了地面，于是第二代小车也没有制作成功。

第三代小车（见图4-19）：经过不断优化，第三代小车仍选择了流线型的矿泉水瓶作为车身，将空气阻力降到最低，并在车轮上加装橡皮筋以增加摩擦力防止打滑。通过实验发现，橡皮筋的弹力越大，作用于风扇的时间越长，小车运动的距离就越远，因此可尽量加大橡皮筋的圈数使小车跑得更远。

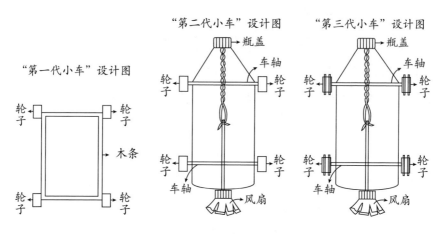

图4-19　玩具小车三代设计图

　　经过近五天的努力，陈同学与父母终于完成了小车的制作。结合居家防疫的实际背景，陈同学把小车命名为"防疫先锋号"，希望疫情尽快结束。陈同学的爸爸还邀请了陈同学的爷爷、奶奶和弟弟一起参加了小车发布会。在发布会上，陈同学分享了在创作"防疫先锋号"小车时的喜悦和解决所遇到困难的过程，家庭所有成员都给予了他热烈的掌声。最后，弟弟非常喜欢这个风力"防疫先锋号"小车，把它当作特殊时期最珍贵的玩具。在学校曾老师的鼓励下，陈同学还把创作"防疫先锋号"的过程发在班级群进行推广，也受到同学们的欢迎。

（二）家庭开发STEM课程的要点

　　要以STEM课程理念为切入点，从可操作、易实现的角度入手，让家庭有指导、有依据地进行STEM课程的开发。

1. 简化流程

家庭开展 STEM 教育是亲子在真实生活中发现问题，以工程思维利用多种技术工具不断优化解决问题的过程。家庭开发 STEM 课程的具体流程见图 4-20。

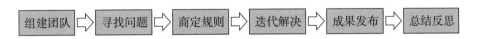

图 4-20　家庭开发 STEM 课程流程图

第一步，组建团队。"以家庭为主导"，兼顾"多向互动"，从而组建以孩子为主、家长为辅的学习团队。学习团队要相互协助，共同解决问题，如有疑问，可以寻求学校、老师的帮忙与指导。第二步，寻找问题。根据家庭 STEM 课程生活性的特点，选择一个可持续探究的真实问题，或在生活中发现与课本知识有关的问题。第三步，商定规则。父母和孩子一起制定相应规则，并在活动中不断提醒团队成员遵守规则，同时适时对遵守情况进行评定。第四步，迭代解决。STEM 探究在查找资料、运用学科知识、设计方案和创造与制作中不断更新、迭代，在此过程中学生完成核心知识的构建。第五步，发布成果。完成探究后，家庭成员应举办并共同参与成果分享会，以促进团队成员间的平等交流。第六步，总结反思。家庭成员客观地总结和反思本次活动的收获与不足。

2. 选好主题

以家庭为主导、可持续探究的主题会让家庭开发 STEM 课程有个良好的开端，并能确保实施的可操作性和持续性。家庭开展 STEM 教育探究的主题可以从家庭实际问题或与课本知识相关的问题两个角度选择。其中家庭的实际主要包括孩子的兴趣爱好、个性特长、疑惑和关注的热点问题，以及家庭中亟待解决的问题；与课本知识相关的问题主要是指孩子在学习中遇到的知识难点。主题的确定可以让家长更加明确家庭 STEM 课程的实施方向。

3. 工具配套

STEM 教育中所融合的一个重要的学科是技术，在家庭开展 STEM 教育，要利用家里的各种工具来解决问题。我国的很多家庭都存在关注孩子的文化课程学习而忽视对孩子动手实践能力的培养的现象，以致孩子不能较好地识别和使用常见的家庭工具。家庭工具根据应用范围分类，可分为五金工具、厨房工具、家庭清洁工具、园艺工具、计时工具、家庭救急工具、烘焙工具、收纳工具、缝纫工具、拼装工具等十大类别。在解决问题的过程中，应注意使用工具的更新。

二、建设实践基地

STEM 教育旨在让学生利用跨学科知识解决现实生活中的真实问题。由于学生在学校、课堂等环境中更多是在学习课本知识，这些知识与真实的经济社会里的生活还是有一定差别的。因此，"中国 STEM 教育 2029 行动计划"明确提出，要建立一个由政府部门、科研机构、社区和学校相融合的中国 STEM 教育生态系统，打造若干理念先进、特色鲜明、质量领先的 STEM 教育示范基地，培养一批国家发展急需的创新人才。各校在建设 STEM 教育实践基地中，根据学校的实际，除了要遵守"中国 STEM 教育 2029 行动计划"提出的"协同、合作、开放、包容、创新"的行动原则外，还应坚持就地取材、互利互补、相互优化的原则。

（一）就地取材

每个学校都有相应的校外资源，但是考虑到学生外出的安全及多次参观、实验、研讨的需要，学校应采取就近原则，选择优质的机构、场所作为实践基地。如深圳市盐田区外国语小学东和分校坐落在中英街内，学校有继承中华优秀传统文化、培育有家国情怀的时代新人的育人目标，距离学校不到 200 米的地方有鱼灯舞民俗博物馆。学校与博物馆合作，以团队合作和项目探究的方式开展 STEM 教育，引领学生探究鱼灯舞历史文化资源，让学生运用相关学科知识进行自主学习，不断加深对于鱼灯舞的认识。在不同学科背景教师的引领下，学生综合运用多学科的知识创造了一个能让小学生舞起来的鱼灯，并通过现代化手段，多途径宣传鱼灯舞。这样的活动不仅让学生养成观察身边事物的习惯，提高了学生的综合实践能力，同时也契合学校的育人目标，推动了中华传统文化的传承与传播。

（二）互利互补

学校的根本任务是立德树人，培养能适应未来社会发展的创新型人才，其他机构、高校、博物馆及科学中心，也有其相应的职责与任务。学校在构建实践基地的同时，要本着相互理解、互惠互利的原则，互通有无，共促发展。如深圳市盐田区小学科学教研组与深圳大学师范学院现代教育系合作，共同研究在小学科学中如何更好地开发和实施 STEM 课程的问题。高校有雄厚的研究实力和课程开发的优势，但没有课程实施的载体，且高校学生也迫切需要到中小学实践的机会。作为中小学，办好小学科学教育、实施 STEM 课程是其刚需，但其研究能力和课程能力相对较为薄弱。中小学和高校合作是一次双赢，共建共育、互惠互利。

又如，东莞市东莞中学初中部依托东莞科学馆的平台开展合作，暑假举办为期 43 天的城市"爬宠"主题展览，配套开发"基于 STEM 理念的'爬宠'主题实践"课程，以基于真实情景的"主题展览设计师体验"STEM 课程的开发，内置 11 个 STEM 课程活动（见表 4-5）。

表4-5 基于真实情景的"主题展览设计师体验"STEM课程

案例	科学	数学	技术	工程	艺术
恐龙、爬宠简笔画创作	恐龙、爬宠的结构与功能相适应	分类思想	生物绘图	综合设计	简笔画
模拟制作恐龙化石	恐龙的结构科学性	颈椎、尾椎的统计	模拟制作	模型构建	化石美观性
模拟恐龙挖掘活动	理解恐龙结构的不同，体验考古	购买活动套装最省价格计算	挖掘	建构恐龙立体模型	结构美观性
恐龙化石还原工程	恐龙的结构科学性	颈椎、尾椎的统计	剪纸	建构恐龙平面模型	化石美观性
爬宠水晶（人工琥珀）制作	界定小型爬宠	AB胶用量（体积）的计算	人工琥珀制作	人工琥珀系统设计（针对爬宠的不同时期）	琥珀造型的美观性
爬宠STEAM仿生讲座	理解爬宠的生活习性、形态结构特征	养殖成本与食量计算	仿生设计	仿生模型的建构	恐龙欣赏
小型爬宠数码显微观察与仿生设计	观察理解小型爬宠的显微结构特征	三角形结构的稳定性	数码显微技术	仿生模型的建构	设计的艺术性
仿生爬宠或恐龙机器人制作	理解爬宠的形态结构特征	积木模块数量计算	仿生设计编程技术	仿生模型的建构	机器人的美观性
项目学习：探究温度对守宫性别的影响	温度对部分爬宠性别孵化的影响	孵化时间与种类的关系、孵化率计算	恒温温控技术	恒温孵化箱的设计	欣赏出壳瞬间，欣赏微观摄影的美

案例	科学	数学	技术	工程	艺术
科普创作"爬宠绘本"	爬宠故事化、普及化	卵数量的统计	绘图技术	图书创作	构图的美观性
主题展览设计师体验	理解爬宠的生活习性、形态结构特征、多样性及保护	调查数据统计分类	问卷星调查、3D模型图的制作(绘图)	大型科普展览设计	环境布置的美观性、色彩搭配设计

学生可以利用假期自由前往科学馆学习，体验上述前九个活动，然后换位思考、自主设计，通过实地考察、绘图、布展设计等，尽可能打造出更受同龄人欢迎的展览，并通过PPT、设计图纸等形式进行项目答辩与展示（见图4-21）。青少年的视角也为教师策划展览提供了更多有价值的思路，形成了展览设计上的优势互补、共同成长。开学后，教师又将这些资源和课程打包发至学校，方便学生在学校内学习，实现学校内外、课堂内外、学科内外、正式学习和非正式学习相结合，在学习场景、学习方式、学习内容上实现了很好的补充和拓展。

图4-21 "主题展览设计师体验项目"答辩与展示

（三）相互优化

一般来说，有条件的学校为了更好地开展 STEM 教育，会构建各种 STEM 教育空间，并配备相应的器材与工具。但如果学校需要用到更高端的器材室，则必须和专业的场馆合作，如探索星系、宇宙等方面的项目可以和天文台合作；探索基因工程方面的项目可以和医院、高校或者研究所合作。除了以上所提资源优化外，还要保证受众的最优化。同样的项目，投入了一定的人力、物力、财力，自然是受众越多越好，这样可以摊薄人均成本，体现资源的高效利用，将实践基地的资源发挥到极致。如 2014 年东莞市肖小亮名师工作室与东莞科学馆合作，共建科学探究实验室，共建馆校合作基地，购置了 7 台最先进的数码显微镜（当时东莞各学校均未配置）进行 STEM 探究，且向全市青少年公益开放（见图 4-22）。有需要的学生只要在网上申请与预约，就可以无偿使用这些设备开展科学研究，从而实现资源配置最优化，满足广大受众的要求。同时，肖小亮工作室还借助基地的硬件，面向全市招生，开设科学公益课。通过学校和科学馆的有效互动、相互优化，STEM 课程得以更顺利地开展。

图 4-22　小伙伴们在馆校共建的科学探究实验室学习

三、探索校企共育

中共中央办公厅、国务院办公厅印发的《关于在部分区域系统推进全面创新改革试验的总体方案》指出，要着力改变科研与市场分离的状况，加快推进科研院所、高等教育机构等的改革，探索培育创新型人才的有效模式，推进以企业为主体、政产学研用结合的技术创新体系。同时，党的十九大报告明确指出要办人民满意的教育，产业发展要与教育相融合，这些都为校企合作开展STEM 教育提供了政策支持。

从国际上看，STEM 教育的开展模式往往是通过与校外专业机构进行资源整合，互相取长补短，促进 STEM 教育的发展（翁智蓉，2018）。学校与相关优质企业合作，必将有利于学校推进 STEM 教育、落实 STEM课程、培养创新型人才。在探索校企进行 STEM 课程实施合作时，应注意以下几点。

第一，弄清核心业务。企业要生存，核心业务为其主要盈利部分，学校与企业合作进行 STEM 教育时，必须弄清楚该企业的核心业务是否为 STEM 课程的开发方向。切忌拿来主义，认为便宜或者上级部门推荐的，就是好的，其结果往往是花了人力物力，但达不到想要的结果。

第二，寻找合适内容。从现有校企合作的情况来看，很多学校会借助企业开发 STEM 课程、解决硬件器材或者师资问题来推动学校 STEM 教育的开展。在此过程中，一定要本着"合适的才是最好的"原则。有些学校听闻某些课程或者器材在国外非常好，然后高价购买，但其并不符合学校的实际情况，最后出现课程落实不到位、器材无法有效应用等问题。

第三，孵化企业基地。学校和企业进行 STEM 教育合作时，要本着合作、互利、共赢的原则，不能因为学校购买了企业的课程或者服务，就完全依赖企业来学校对学生进行相关培训。很多 STEM 教育企业实力雄厚，在 STEM 课程开发和教师培训上都有自己独特的心得体会。学校要善于挖掘合适的企业进行合作，把其当作校外合作基地，让学生和教师可以到企业进行相关探究。

第四，拓宽师资渠道。STEM 教育主要培养学生解决实际问题的能力，而企业首要解决的就是生存和发展的现实问题，STEM 教育企业的相关从业人员大部分是有科技研究与应用背景的专业人员，其解决真实问题的能力往往会比学校教师强。在校企合作中，要充分发挥企业的人才优势，开发符合学校实际情况的 STEM 课程，可以在完善的准入制度下，让企业进入学校的课后 4 点半活动课程，对学生进行辅导或者对学校教师进行 STEM 教育培训。

第五章　STEM课程评价

STEM 课程评价的特点和原则

对课程的评价：提升教师课程知能

对学生的评价：促进学生全面发展

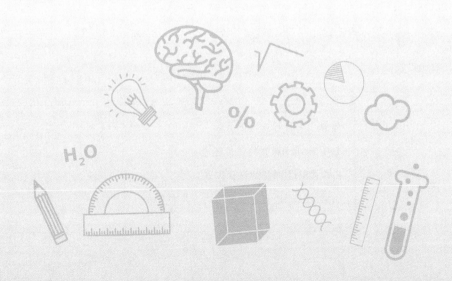

课程评价的内容涉及评价的主体、对象、内容、标准、手段、方式等，这决定了课程评价从不同的角度来看有不同的类型。本章结合STEM课程的属性，介绍STEM课程评价的原则和特点，并聚焦STEM课程开发与实施中的"学生"和"课程"两个维度来进行评价的设计。"学生"这一维度主要侧重在他们学习过程中的学习情况和质量水平，即学习评价，重点考察对既定课程目标的达成度。"课程"这一维度主要反思从设计、开发、实施到总结阶段的课程建设行为及实效，从而诊断课程问题，改进课程不足，为课程的不断发展完善提供源源不断的有效信息。

本章学习目标：

1.了解STEM课程的评价理念。

2.掌握STEM课程的评价方式。

3.探讨STEM课程评价可用的工具和量表。

评价是任何课程建设都不可或缺的部分。美国著名的课程论专家、"课程评价之父"拉尔夫·泰勒（1994）提出，课程评价实质上是一个确定课程与教学实际达到教育目标的程度的过程。靳玉乐（2006）认为，课程评价就是根据一定的标准和课程系统的信息，并运用科学的方法对课程的各要素及课程产生的效果作出价值判断的过程。李臣之（2004）提出，要进行科学合理的课程评价活动，首先需要回答评价的价值取向，并基于"取向"，回答"评价什么"，"采用哪些标准或尺度予以评价"，以及"使用哪些具体的方法"等问题。钟启泉（1989）认为课程评价是根据某种标准，以一定的方法对课程计划、活动及其结果等进行描述的过程。

由于 STEM 课程开发强调课程的校本化理念与教师在课程设计中的积极和主导作用，STEM 课程评价不能仅仅局限在对既定目标达成程度的描述上，而要强调诊断课程问题，厘清课程线索，改进课程不足，为课程的优化改进提供有效信息，使 STEM 课程开发更符合学生发展需求。

故此，本书中的课程评价主要强调两个方面：一是评价课程建设本身，重点评价教师在课程开发设计与实施过程中反映出来的课程建设能力和水平；二是评价学生的课程学习及发展状况，重点评价学生在此过程中所获得的学习经验和学习成果。课程评价从这两个方面进行证据收集，并通过证据来判断课程开发实施过程及其结果的科学性、合理性、有效性。

第一节　STEM 课程评价的特点和原则

一、STEM 课程评价的特点

从一般意义来说，STEM 课程评价与一般的课程评价并无多大差别，所有较为成熟的评价模型、方案、方式、工具都适用于 STEM 课程评价。当然，由于 STEM 课程的真实性、综合性、活动性、开放性等特点，加上每个学校所处的社区环境、所能开发利用的课程资源不同，尤其是学校学生发展特点及需求的差异比较明显，相对于一般的课程评价，STEM 课程的评价更容易体现以下几个特点。

（一）评价主体更多元

STEM 课程开发与实施涉及多主体参与，包括跨学科协作的教师团队、其他专业人士、课程产品服务的客户对象等。STEM 课程开发中师生关系是平等的，教师和学生共同参与 STEM 课程学习活动的设计实施和评价，是共同探索新知、解决问题的学习伙伴。师生共同的评价与反思对于课程建设来说至关重要，尤其要尊重学生作为 STEM 课程设计与实施主体的地位，注重学生基于 STEM 课程开发实施全过程的自我认知与反思。甚至，家长也会参与到项目设计实施的过程中。所以 STEM 课程评价的主体也更具有多元性的特点。

（二）评价内容更多维

STEM 课程建设一般包括调查与研究、设计与开发、组织与实施、评估总结与反思修订四个阶段，涉及课程目标、课程方案、课程实施与评价等课程全要素。评价既是对课程结束之后效果的总体评估判断，也是一条贯穿于 STEM 课程建设全程的总线索，联结着课程建设的各个阶段，评判着课程建设过程的科学与合理，并评价着课程实施效果的价值与成效。评价的内容指向三个层面：课程层面，包括课程设计、课程实施以及课程效果；教师层面，包括教师的课程意识、课程知识与技能、对 STEM 课程的理解和掌握、进行跨学科联结和统整的能力等；学生层面，包括学生参与 STEM 学习活动的态度，对科技及其产品的认知理解和价值观，学习过程中建构的学科大概念，学习活动中的合作精神、团队意识、创新精神和实践能力的发展情况，问题解决能力、创意物化能力，等等。

（三）评价方式更多样

STEM 课程学习所需要的知识技能呈现复杂性和综合化的特征，所要解决的问题具有真实性和情境化，学生的学习过程和结果表现也具有复杂性和个性化，这表明不能单凭一次的测验或考试成绩来说明课程实施的结果。所以，STEM 课程的评价方式、手段不能局限于传统单一的纸笔测试，应更重视学习的情境，重视实际生活脉络和真实问题情境下学习者的表现，包括学生在学习过程中的行为表现，以及反映其学习结果的作品表现。STEM 课程评价宜创设一系列综合、全面、有目的或有情境的评价活动，让评价贯穿 STEM 课程从选题确定、方案构思、设计制作到成品展评优化的始终，让所有的学习活动都成为评价活动（诸如实物设计制作、方案设计、概念图制作、演讲展示、调查探究等），应根据 STEM 课程不同阶段的活动目标和活动内容采用多种多样的评价方式，让每个学习活动都是评价 STEM 课程的机会，让每个学习产出都是课程评价的结果。

（四）评价任务更真实

建构主义认为，教学应置于某种有意义的、真实的背景之中。评价发生于真实背景之中也同样重要，评价任务应丰富和复杂，简单化、脱离情境的问题不适用于真实性和表现性评价。STEM 项目本就来源于生活中真实的、复杂的任务，整合了多个学科内容及多重技能，需要学生综合应用所学的知识去解决真实的问题，其评价理应更加注重学生在真实任务完成中的真实表现，对"学生知道什么、学会什么"等问题的回答要从学生能做什么、怎么做的、做成了什么等问题中来寻找答案（高文，1998）。

二、STEM 课程评价的原则

一般课程评价的原则同样适用于 STEM 课程评价。考虑到 STEM 课程及其评价的特殊性，在进行评价时需强调以下原则。

（一）评价先于实施，评价嵌入过程

STEM 课程超越了单一学科以知识为主的教学体系，而以主题的形式对各学科尤其是科学、技术、工程、数学等领域的知识技能、方法思维、工具手段进行综合，进而构建课程。课程开发过程与学生学习过程融为一体，学生的经验既构成课程的内容，也发展为课程的结果。这意味着 STEM 课程评价不是孤立地存在于教和学之外的一个行为，而是融合于整个学习过程之中的。评价开始于课程设计，先于课程实施；评价嵌入过程，贯穿全程。

由此可知，应在课程实施前就将评价标准及要求公布，让学生获得学习的知情权和掌控感，产生负责任的学习行为，从而最终获得对自己学习和成长的成就感。另外，评价要关注到每个课程要素，包括目标定位是否合理、任务选取是否可靠、活动实施是否有效，评价要贯穿 STEM 课程的启动、实施、总结等每一个环节，做到经常、及时、写实。STEM 课程评价先行于课程实施，在课程实施过程中不断完善，伴随和促进学生成长发展。

STEM 课程评价要注意收集和积累活动过程中动态、真实和完整的记录，这些记录可以是设计方案、调查活动记录、草图、实验观察记录、测试改进记录、工程日志、心得体会等。这些都是评价学生学习不可缺少的重要素材。

（二）基于行为表现，引导自我反思

本杰明·布卢姆等人明确提出，制定教育目标是便于客观地评价，而不是表述理想的愿望。事实上，只有具体、外显的行为目标才是可测量的（李雁冰，2002）。基于学习行为表现，引导学生开展自我评价和反思，对自己的学习和能力进行描述与估量，建立正确的自我意识，形成正向的自我激励，进行主动的自我调节，是表现性评价的根本目标。

因此，STEM 课程评价应注重评价学生的知识建构能力，以及综合运用知识解决问题的行为表现，包括怎样搜集知识或信息、如何运用学习策略和进行自我监控、学习投入程度与创新能力等；应该从多维度、多层次评价学习与发展的结果，要立足反映学生知识建构和问题解决过程中的水平差异。学生学习是一个动态展开的过程，评价应关注学生在 STEM 课程学习中所进行的观察、思考、假设、推理、试误、选择、优化等动态的反思性学习活动，引导学生开展对课程实施过程和结果的自我认知与反思，包括对课程项目的选取与可行方案的制定（对项目提出的背景与需求、拟解决的问题、技术工具的使用、预期的成果进行思考与判断）、对项目开发实施的坚持（如何高质量完成课程任务）、对成果的反思（对问题解决方案、产品或模型进行判断和优化）等。

（三）不断循环迭代，促进课程改进

STEM 课程评价的合理性、多元性、全面性、关联性的达成不可能一蹴而就，而需要不断进行修订和完善，才能使得评价标准与教学目标一一对应、与学生学情一一适切，最终促进课程设计实施的不断改进、日臻完善。

STEM 课程的评价是连续的，要兼顾过程性评价和总结性评价。评价的目的之一是反思和改进课程，对学习过程中学生的学习及时跟进和评价也是为了产生更好的学习结果。比如，STEM 课程评价会特别注重问题情境设置的真实性和活动主题选择的可行性，因为只有真实的问题情境和活动任务才能吸引学生动手实践，在思考、探究、讨论、计划、调查、设计、制作、创造等一系列活动过程中发现和解决问题，发展学生的创新精神和实践能力。又如，STEM 课程评价一般会要求各评价主体及时记录、评价与反思学生在 STEM

学习中的表现，教师以报告、证书或评语的方式，在作出总结性评价的基础上给出描述性评价。学生可精心选取、呈现自己引以为傲的学习成果，将其汇总至一个成长档案袋，并回顾学习过程，复盘收获体会，反思不足之处，发现值得研究和解决的新问题。

通过评价的持续、迭代开展，师生一起及时记录、及时反馈，积极反思、积极改进，形成反馈—调整—优化的课程改进循环。

第二节　对课程的评价：提升教师课程知能

对 STEM 课程的评价除了关注学生的学习之外，还要关注课程本身的发展过程。只有关注过程，评价才可能深入学生发展的进程，及时了解学生在发展中遇到的问题、所付出的努力以及获得的进步，这样才能对学生的持续发展和提高进行有效指导，才能调整和改进课程（朱慕菊，2002）。正如斯塔弗比姆所说，评价最重要的意图不是为了证明（prove），而是为了改进（improve）（瞿葆奎，1989）。

关注课程本身的发展过程，就是关注教师的课程设计开发与实施的能力和水平。评价旨在强化教师的课程意识，增进教师对课程的正确理解，提升其课程设计开发与实施的能力，使教师成为一个好的项目设计师、先行的学习者、学生的合作学习伙伴以及反思型的终身学习者。

评价量表是一种具体罗列评价维度与评分标准、评价等级的评分工具，其作用是保证教、学、评的一致性，目标和结果的一致性，设计与实施的一致性。由于涉及全过程的评价，STEM 课程又是涉及多主体参与、主观性较强的跨学科项目，因此适合用评价量表来进行评价，确保评价的客观、一致和公平。

本节探讨 STEM 课程教师在课程设计开发、教学实施、总结反思三个阶段的教学行为表现的评价量表，列出每个阶段的评价要点。在课程设计开发阶段，从主动学习提升、协作组织运作、项目嵌入情境、方案适切可行 4 个维度分 18 个要点对 STEM 项目课程方案进行评价；在教学实施阶段，从教师的教学组织与实施、学生的参与与投入 2 个维度分 15 个要点对课程实施状况进行评价；在总结反思阶段，从学生学习成效、教师专业发展、学校特色发展、各方满意程度及负担状况等 5 个维度分 28 个要点对课程整合的效果进行评价（见图 5-1）。

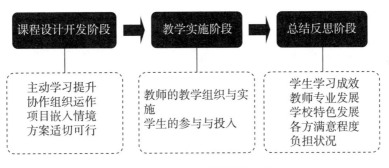

图 5-1　STEM 课程的评价过程

需要特别说明的是，三个阶段的评价量表并不唯一和固定，仅为教师开发课程提供一个自我反思与检视的框架，教师可视实际情况调整维度和要点。通过对课程设计开发、教学实施和总结反思的过程进行评价，促进教师自主学习、自觉反思、自我赋能，促进课程本身不断改进和优化，这才是评价最根本的目的所在。

对于回收后的资料，以平均值呈现各个题项的同意程度分布。"符合"计 4 分，"多数符合"计 3 分，"不太符合"计 2 分，"不符合"计 1 分。平均分值等于累计总分除以总人次。平均分值以 4 分为满分，以满分的 85%、70%、55%（即 3.4 分、2.8 分、2.2 分）作为认定达成度很高、高、一般的标准；如果平均分值小于 2.2 分，则认为达成度比较低。

一、课程设计开发阶段：当好项目设计师

对课程设计开发阶段的评价主要是评价教师对 STEM 教育先行了解、学习与准备的情况、教师协作开展主题的选择及课程方案设计的情况。量表分成主动学习提升、协作组织运作、项目嵌入情境、方案适切可行 4 个维度 18 个要点来展开（见表 5-1）。

表 5-1　STEM 课程设计开发阶段的评价表

维度	评价要点	评价得分				
		符合	多数符合	不太符合	不符合	平均分值
主动学习提升	1. 教师进行相关研习，把握 STEM 教育的内涵及特点，熟悉 STEM 课程开发实施的要素和流程。					
	2. 组建跨学科教学团队，明确课程开发的程序与步骤。					
协作组织运作	1. 讨论有关 STEM 课程的性质、特点、功能，让师生、家长了解。					
	2. 主题由小组成员讨论选定。					
	3. 小组成员积极参与 STEM 课程规划与设计。					
项目嵌入情境	1. 项目来源于现实中的真实问题。					
	2. 项目反映学生的经验和能力，符合学生的需求及兴趣。					
	3. 纳入了社区和家长的资源。					

维度	评价要点	评价得分				
		符合	多数符合	不太符合	不符合	平均分值
项目嵌入情境	4.得到学校行政的充分支持。					
	5.符合学校的办学愿景及育人目标，融入全校的整体课程方案之中。					
方案适切可行	1.课程方案完整。包含方案的基本要素。					
	2.课程目标定位准确。体现STEM课程属性，跨学科知识和能力的链接整合清楚明白、不混乱。目标描述清晰、具体，可观察、可测量。					
	3.课程内容组织适当。STEM课程的内容和各科目尤其是科学、技术、工程、数学的知识自然且密切关联，各科目之间的内容能相互补充，衔接连续。					
	4.有设计思维和结构化思维。会通过流程图、思维导图来呈现整个项目实施流程；活动的阶段完整，任务细化。					
	5.技术和工具的选择适宜、操作性强。					
	6.预先规划设计多样的学习活动，注重自主合作探究的学习，尽量在课程学习中让学生经历文献收集与分析、调查与观察、实验与探究、设计与制作、交流与反思等学习方式。					
	7.拟定多元评价。既注重对学生的过程评价、综合评价，又紧扣目标的针对性、结果的表现性、循序渐进的层次性、思维训练的开放性、问题解决的创新性、成果产品的原创性等。					
	8.预先考虑课时安排、教学资源及场地等教学安排。					

（一）教师是否主动学习提升

长期以来，教师被束缚在分科教学中，学科知识和方法是他们开展教学的唯一视角。跨学科的STEM教育对于教师而言是一个挑战，它要求教师成为学习设计师、跨学科人才及创新人才培育者，要求教师养成设计思维和工程思维，走出分科教学的舒适区。在课程设计与开发阶段，教师必须有主动学习提升的积极性，深入学习课程建设的有关理论与案例、STEM课程开发的国内外典型经验和案例，和同事合作组建跨学科的协作教学团队，积极探索新领域，勇于尝试新教法。

（二）教师是否开展协作教学

一般而言，传统的学科教师总是集教案编写、课堂授课、辅导答疑、批改作业等多项工作于一身。校本教研对于教师的协作引导仅停留在集体备课、同课异构等层面，在学科课堂教学中，教师仍然是单打独斗的"单干户"。STEM课程设计与实施仅靠单一学科教师个体的力量无法完成，必须要由与主题相关的学科教师组成互助组，不同学科的教师通过准备、计划、指导、评价、修正五个阶段通力合作，开展协作教学，共同完成教学任务（见图5-2）。

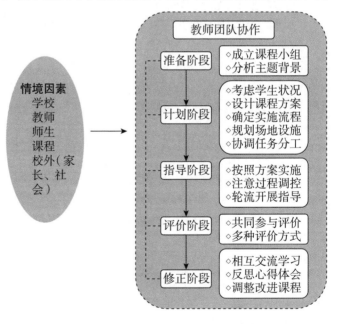

图5-2 基于协作的课程开发与实施

（三）选取的项目是否嵌入情境

拟开发的 STEM 课程项目主题要有现实意义，要来源于学生生活中的真实问题，且有问题解决的迫切需求。主题所需要的知识、技能、方法以及所用到的技术、工具符合学生的经验、能力水平以及最近发展区，满足学生的需求和兴趣。选取的项目主题要立足于社区和学校能够提供的课程资源，考虑到家长及其他专业人士作为校外导师参与课程开发与实施的可能性，学校与社区是否具备相应的实施条件，是否有相应的活动指导教师，以及 STEM 课程作为校本课程是否纳入了学校特色课程建设的框架，是否符合学校的办学理念和育人目标等。

（四）设计的方案是否切实可行

对设计出来的课程方案进行评价主要体现在评价方案在多大程度上与 STEM 教育的理念、目标相一致。总体上评价课程方案的完整性要从以下一些方面考虑，如问题提出的背景、课程目标、课程内容、实施方式、阶段安排、课程评价等各环节的要素是否齐全，课程目标是否明确、具体、细化、行为化，资源与条件是否具备、是否可行，课程内容是否丰富、是否体现跨学科，学习方式是否多样，促进学生自主合作探究的活动过程安排是否合理等。

二、教学实施阶段：做学生的导师和合伙人

课程实施不仅是学校教师将事前经过规划设计的课程加以落实的过程，也是课程愿景转化为实践的历程，还是教师和课程、学生不断对话协商的结果。学校如何联结课程规划设计与实施，是课程开发成败的关键因素。目前，一些

学校存在对 STEM 课程重开发轻实施的情况，有些学校投入很大人力物力开发 STEM 课程甚至编写 STEM 教材，但实施时却流于形式，未能发挥其应有的作用（刘兆瑞，2007）。STEM 课程实施涉及学校领导、教师、学生等人员以及课程资源、场所基地、设施设备等物质条件，对 STEM 课程实施的评价可以用观课、访谈、教师反思、实地考察等多种方式进行。

本书认为，STEM 课程教学实施阶段的评价可从教师的教学组织与实施以及学生的参与与投入这 2 个维度，分 15 个评价要点来进行（见表 5-2）。对教师的教学组织与实施的评价主要从课程资源的准备、依据课程方案组织教学、及时反思和调整改进教学、及时反馈评价学生的学习、写实记录学生学习过程中的典型表现、良好的师生互动、有效的协作教学等方面来开展，对学生的参与与投入方面的评价则主要关注学生在 STEM 项目学习中的探究体验、动手操作、合作情况以及学生的主动性、积极性、创造性发展程度（潘洪建 等，2010）。

表 5-2　STEM 课程教学实施阶段的评价表

维度	评价要点	评价得分				
		符合	多数符合	不太符合	不符合	平均分值
教师的教学组织与实施	1. 明确课程目标与内涵，课程实施依据原先 STEM 课程设计的目标与架构来进行。					
	2. 教师团队能协同合作，为课程实施做好课程资源、教学工具设备、场地等准备。					
	3. 课程实施前能共同讨论确定教学重点。					
	4. 课程实施过程中善于寻求专业人士如工程师、科研人员的支持与参与。					
	5. 教学过程中及时对教学活动和目标进行校准，使教学方法、技能和程序能达成预先设计的教学目标。					

维度	评价要点	评价得分				
		符合	多数符合	不太符合	不符合	平均分值
教师的教学组织与实施	6. 教学活动能引起学生探究与实践的兴趣，学生能积极主动参与。					
	7. 实施过程中，师生互动良好，并能联系生活加以运用。					
	8. 对学生的学习表现，如作品表现、行为表现、问题解决策略、同伴互动等有完善的记录。					
	9. 对学生学习进行及时评价与反馈，且具体可行。					
	10. 教学过程中，教师团队适时讨论、分享与反思。					
学生的参与与投入	1. 学习态度积极。参与 STEM 课程活动的次数、出勤率、时间管理良好。					
	2. 学习主动投入。认真收集资料、观察思考、动手动脑，按时完成任务。					
	3. 合作学习顺利。乐于帮助他人，善于寻求帮助，能与同学配合完成任务、共享成果。					
	4. 问题解决能力强。能从不同学科的角度提出问题，综合利用多学科知识解决问题，有策略地使用适合的工具，有创造性地解决问题的方法和技能，动脑动手相结合等。					
	5. 及时记录和反思。能对实施方案、设计草图、实验方案、测试数据等及时运用多种方式来记录和呈现，并及时反思和优化调整。					

三、总结反思阶段：促进共同发展

STEM 课程评价注重过程，但并不意味着就可以忽略活动结果。过程和结果具有一致性，规范有效的课程实施大多能导向有效的学习结果。对课程实施效果或成果进行评价，是 STEM 课程总结反思阶段的评价内容，也构成了 STEM 课程评价不可或缺的组成部分。依据评价结果，对学生 STEM 学习进行成绩评定，同时对教师的教学工作进行考核。课程实施效果可从学生学习成效、教师专业发展、学校特色发展等几个方面来进行评价，促进学生、教师、学校共同发展。

（一）学生学习成效

对学生学习成效的评价是总结反思阶段最核心的评价内容，本章第三节将就此进行进一步阐述，评价内容包括课程目标的达成程度、学生学业质量提升状况及综合素质提高情况等。另外，学生是 STEM 课程开发和实施最主要的参与者和最直接的感受者，学生在 STEM 课程实施后所产生的看法和反思也是评价和改进 STEM 课程建设中极具参考价值的信息，可以通过学生问卷或调查表的形式来收集信息，问题参考如下。

1. 这门课程是否达到学生的预想目标？

2. 教师是否为学生提供了主动学习、自主参与学习的机会？

3. 教师讲课或安排的活动是否提高了学生的学习兴趣、学习动机？

4. 教师教学时是否引导学生自主探究、合作交流、设计制作、问题解决、创意物化？

5. 教师如何协调课程教学，如何使用、驾驭工具和材料？

6. 学校外部专业人士参与课程开发实施的情况。

7. 是否对有特殊需求的学生进行关照？

8. 学生对课程的喜爱和获得感程度。

（二）教师专业发展

STEM 课程建设除了以学生的发展作为结果，教师作为课程的设计者、学生学习的指导者、活动开展的合作伙伴，也应在其中增进课程意识、获得课程理解、提升课程知能。因此，教师关于专业发展的自我意识与自我反思也应是 STEM 课程实施效果评价的重要组成部分。

对教师专业发展的评价可使用检核表，由教师进行自我回顾与反思检核（见表5-3）。

表 5-3　STEM 课程实施教师专业发展检核表

项目	评价指标	评价得分				
		很满意	一般	不太满意	待改进	平均值
教学活动	1. 我会与其他教师一起拟定 STEM 课程方案与教学计划，方案的制定注重基于情境、问题驱动、结果导向。					
	2. 我会与团队教师通过不断讨论达成共识，依照计划开展跨学科协同教学。					
	3. 我会依照课程目标，采用多元的方式评价学生学习结果，评价方式具体、指标明确。					
	4. 我会依据课程目标，配合课程需求进行情境的创设与激发、知识的讲解与联结、方法的指导与点拨、资源的开发与利用、工具操作与技术应用的示范与规范。					
资源整合	1. 我能与学校行政人员做良好的沟通，争取场地、课时、资源的支持。					

项目	评价指标	评价得分				
		很满意	一般	不太满意	待改进	平均值
资源整合	2. 我能配合学校发展愿景与课程管理，积极参与学校特色 STEM 课程设计与开发。					
	3. 我能有效整合各种资源，策划、参与校内外各种 STEM 教育活动。					
专业成长	1. 我会积极参加 STEM 课程研修，将课程理念融入教学中。					
	2. 我能与他人合作从事教育研究，沟通良好，并利用研究结果改进教学。					
	3. 我深刻理解 STEM 课程的性质、特点、功能定位，掌握 STEM 课程设计的规范和要求。					
	4. 我具备 STEM 教师的关键能力。					

（三）学校特色发展

STEM 课程作为校本开发的课程定位要能促进学校的特色发展，助力学校个性化、多样化、优质化办学。校本课程对于学校发展的效果评价可以从以下角度来考虑：

1. 课程是否反映了学校的办学理念及文化精神？

2. 课程是否体现了学校的培养目标和办学特色？

3. 课程是否开发利用了学校所处社区及学校本身丰富的自然、社会、人文等方面的课程资源？

4. 课程是否关注了学生的个性发展需求，以培育特长人才、拔尖人才？

5.课程是否促进了教学方式的转变，以引导学生高效学习，促进教师专业成长，最终推动学校成为科技创新特色学校？

（四）综合评定

在对各个主体进行分项评价的基础上，再采用"综合评定"的方法，系统评定 STEM 课程的开发，获得 STEM 课程效果的总体情况（见表5-4）。

表5-4　STEM课程总结反思阶段的评价表

维度	评价要点	评价得分				
		符合	多数符合	不太符合	不符合	平均值
学生学习成效	1.课程实施之后，能达到课程的预期目标。					
	2.学生在认知、情意及技能方面发生良好变化。					
	3.学生学习意愿与态度提升。					
	4.学生合作学习的习惯养成。					
	5.学生跨学科知识学习和综合应用的能力得到提升。					
	6.学生对技术的掌握和工具的使用熟练、规范。					
	7.学生的研究能力、问题解决能力得到提升。					
	8.学生的设计与制作强调规范操作与技术创新统一。					
	9.学生作品符合工程学原理，有一定的原创性，解决问题效果明显。					

维度	评价要点	评价得分				
		符合	多数符合	不太符合	不符合	平均值
教师专业发展	1．经过 STEM 课程设计与实施，形成教师协作教学的氛围。					
	2．激发了教师再学习及专业发展的意愿。					
	3．增进了教师课程建设的自信心和课程意识。					
	4．提升了教师的自我评价与反思能力。					
	5．发展了教师的设计思维、工程思维、技术素养。					
学校特色发展	1．课程反映了学校的办学理念及文化精神。					
	2．课程体现了学校的培养目标和办学特色。					
	3．课程充分利用了课程资源。					
	4．课程关注了学生的个性发展需求。					
	5．课程促进了教和学方式的转变。					
	6．课程助力学校成为科技创新特色学校。					
各方满意程度	1．学生对课程的满意程度高。					
	2．教师对课程的满意程度高。					
	3．家长对课程的满意程度高。					
	4．教师对学校支持的满意程度高。					
负担状况	1．课程给教师的负担适中。					
	2．课程给学生的负担适中。					
	3．课程给家长的负担适中。					
	4．课程给学校的负担适中。					

基于课程建设全过程的课程评价可以帮助学校和教师及时反思课程建设的每个环节、每个要素、每个活动，促进课程方案的设计与完善，并检验课程实施的效果，促进课程实施过程的规范与有序，最终提升教师课程设计与开发的能力，使教师真正成为课程的研究者、设计者和开发者。

第三节　对学生的评价：促进学生全面发展

教学和评价是课程实施的两个重要环节，相辅相成。评价既对教学的效果进行监测，也与教学过程相互交融，从而促进学生的发展。对学生进行评价是指对学生在课程学习过程中的学习质量水平进行评价，目的在于了解学生在学习过程中的表现及其存在的问题，鉴定其学习的质量水平。对学生的评价结果最终可成为判断课程开发设计实施水平的依据，在此基础上不断调整优化改进课程建设行为，确保课程实施质量，促进学生全面发展。

一、基于目标，设计评价量表

基于教学评一体化的原则，对学生学习的评价将追溯到课程目标。评价基于目标，甚至可以说，目标即评价，课程目标基本上确定了对学生学习效果及学生发展状况的评价标准。目标用来描述和定位学生在学习过程中应该有何收获，评价则是用证据来证明学生是否确实达到了预期目标，取得了预期成果，收获了预期发展。目标和评价之间形成了不断迭代的课程循环（见图5-3）。

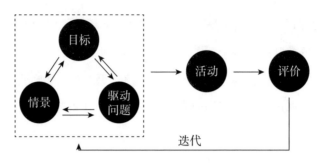

图 5-3　目标和评价的关系

一旦确定了课程的目标，就可以通过目标来匹配对应的评价内容，选择与学习目标相符合的成果，来进行有效的评价。每一个学习目标都需要进行评价，可以依据目标，以解释相关内容、技能或能力为目的，制定对应的评价方式。本书第二章"STEM课程目标设计"将 STEM 课程目标分为学科知识（含单一学科知识与跨学科知识）、学科技能（含科学探究与发现、工程设计与制作、数学建模与计算、技术实践与应用）、关键能力（指向核心素养的关键能力）、责任态度（含求真、求证、批判性思维与社会责任）四类。基于目标的评价便是针对这三类目标分别进行的。

（一）对学科知识目标的评价

对于学科知识相关的课程目标的达成情况可通过分辨知识类型来进行评价设计。

针对基本要素类的事实性知识，如"植物生长所需的条件""毫升和升的进率及其换算"等，可通过纸笔测试对学习情况进行评价。

针对概念性知识和程序性知识，可设计具有启发性的问题及可测试的表现性任务，引导学生对所学知识进行思考和转化。如通过带领学生思考及分析台风形成的原因、特征、带来的影响等内容，引出地球与人类活动中"自然资源与自然灾害"的相关概念，让学生自主思考渔民、高空作业的工人等相关从业者如何对台风进行预警，并减轻灾害的影响。

针对元认知知识，即关于影响自己的认识过程与结果的各种因素及其影响方式的知识（李晓东 等，2008），搭建合适的情景、设计匹配的任务，则可作为重点设计的评价内容。如在课程开展的过程中，我们期望学生可以对自己的学习方法进行评价和反思，那么就可以通过引导学生填写自我评价表，在课堂中对学生表现进行记录（如是否可以主动分析错误原因并更正、是否可以对自己的学习计划和完成情况给予适当的评价等），也可以通过KWL表（即"我已经知道什么－我想知道什么－我已经学到了什么"）来促进学生反思。

（二）对学科技能目标的评价

本书第二章将STEM课程的学科技能目标分为"科学探究与发现""工程设计与制作""数学建模与计算""技术实践与应用"四个方面，围绕这四个目标，可从以下方面收集评价证据（见表5-5）。

表5-5 学科技能评价说明及示例

学科技能	说明	评价示例
科学探究与发现	关注从提出问题并作出假设，到实验探究以及最终表达与反思的整个流程。依据学段不同，对于学生的技能目标有差异化的等级要求。	以四年级"探究树叶为什么变黄"课程为例，在引导学生进行实验探究的过程中，教师可提供实验记录表、项目跟踪表以展现学生在课程学习中使用的方法、思考的问题以及猜想、假设和对于现象的解释等内容。在课程结束时以书面类作品"课题研究报告"以及展示类作品"演讲"为最终呈现形式，在此过程中设置对应学段评价量表，以检验学生各要素技能的达成状态及待改进的方面。同时，在课程初始与结束时提供学生自评表，完成学生对于个人技能水平的认知和变化记录。
工程设计与制作	核心在于描述并定义问题，利用科学和技术进行方案的设计并能够考虑实际条件而不断进行改进	以五年级"制作智能风速仪"课程为例，在定义问题方面，通过获取、选择及处理信息能力评价表对学生查询、选择并聚焦、建立联系并总结等能力进行测评。在方案形成及制作的过程中，通过KWL表格、项目跟踪表、学生档案袋的形式，对课程中的照片、作品草图、修改方案、中期汇报展示等内容进行记录，以完

学科技能	说明	评价示例
工程设计与制作	和完善。	整反映学习的流程。这个过程有助于评测学生的设计能力、解决问题的方式方法、迭代意识等。在课程的最后,以制作类作品"智能风速仪"为评价对象,通过对作品功能实现、完成情况以及外观制作等方面的等级测评,加上小组内部的自评以及小组之间的互评,形成完整评价。
数学建模与计算	关注学生理解问题并建立模型思维的能力,更好地运用数学分析方法寻找合适的问题解决方案。	以三年级"搭建报纸桥"的课程为例,关注学生对二维和三维空间的概念认知、对数学模型在工程技术中的作用的认识,以及是否可以通过绘制的平面图来进行三维结构的搭建。因此在课程进行过程中,通过口头阐述的方式评测学生对形状与结构的理解;通过材料、形状与稳定性的实验记录评测学生对于二维和三维空间建立关联的能力;通过课程最终的作品"报纸桥"以及对于分组搭建的汇报和陈述,评测学生在完成学习之后所能够进行的知识迁移程度和创新意识。
技术实践与应用	重点是技术设计与实践,包含技术课题的确立、建立设计方案、进行工艺与结构等方面的设计和制造、汇报交流和改进完善等多个方面。	以四年级"探究植物生长的湿度环境"课程为例,从探究高、低湿度对于植物的影响,了解湿度传感器及微型水泵的原理和搭建方式等角度出发,引导学生设计并制作浇灌装置。在此过程中,教师可设置工艺及方案设计评价表、结构及其设计评价表、调控系统评价表等量表对学生的相关学科技能进行测评。同时,结合制作类作品的汇报、课程最终总结、待改进方案的提出等方面,对学生选择最佳的解决方案、检验和评价自我设计以及提出改进设计方案等能力进行评价。

(三)对关键能力目标的评价

量表和表现性任务能够很好地对STEM课程目标中的关键能力进行评价,即结合学生在任务、挑战、项目中的实际表现,以建立合适的量表为基础,对学生的课程学习情况进行评价。

例如，四年级"制作植物补光装置"课程的关键能力目标在于学生的合作能力及语言表达能力。教师可以在教学过程中，通过建立相关评价量表来对小组和各成员能力进行测评（见表5-6、表5-7），同时辅助以学生课程中的项目记录、小组讨论记录、课后反思、自评互评等内容，全面地对所关注能力进行评价（见表5-8）。

表5-6　小组协作评价表

	能力有限	有待提高	合格	好	非常好
小组成员可以有效进行分工。					
小组成员能够积极配合，并进行调整。					
项目工作分解至各成员，各成员最终能够共同完成。					
小组内部积极主动地进行交流，并交换所需资源。					
小组能够有效地利用各个成员的兴趣和能力。					
小组能有效解决内部冲突。					

表5-7　方案汇报评价表

	能力有限	有待提高	合格	好	非常好
准备充分。					
能清晰表达方案中的设计逻辑。					
能准确描述方案的实现过程以及小组在设计和实施中遇到的问题及解决方案。					
能有效地回答听者提出的问题。					
研究有深度。					
声音清晰，音量适中。					

表 5-8　项目进程与小组合作自评和反思表

项目进程中的反思表		
项目名称：	小组成员：	记录日期：
我们的项目设计目标是什么？		
我们的作品已经完成了哪些？		
我们现在遇到的问题是什么？计划研究的方向是什么？如何细化行动步骤？		
我们的收获是什么？通过什么方式可以向别人介绍我们的收获？		
项目预计完成日期：		
小组合作的自评与反思表		
项目名称：	学生姓名：	记录日期：
我在小组中的职责定位是什么？		
我完成的内容是什么？是否符合职责定位？（如果不符合请描述原因）		
我们小组遇到的问题有哪些？是如何解决的？		

小组合作的自评与反思表		
项目名称：	学生姓名：	记录日期：
请描述其他小组成员的职责和优势：		
我会选择通过什么样的改变或努力，以使得小组合作更加高效？		

二、嵌入过程，开展过程性评价

过程性评价指的是在课程实施前、实施中、实施后针对学生实践过程中的认知发展及学习表现所进行的评价活动。过程性评价可以让教师更加深入地了解学生的思维发展、项目进度等内容，并及时作出调整，引导学生朝着正确的方向前行。

（一）过程性评价贯穿课程的每个环节

在开展过程性评价的设计时，教师需要关注课程的总体时间轴，选择课程当中的关键环节进行评价，同时也给予自己和学生进行学习成果分析、课程总结调整的机会。

学生在 STEM 学习过程中很大程度上受其原有的知识、经验、认知结构和动手实践能力的影响，所以在课程开发与实施前，有必要进行学情诊断，了解学生学习的出发点在哪里，这是做好 STEM 课程开发的前提。在学生进行项目规划阶段，要重点考察学生独立思考和提出问题的能力、想象力与创造力；引导学生积极和小组成员沟通，表达自己的观点与想法，勇敢提出差异化意见；

重视学生对于问题的理性分析、运用不同方式进行探究和寻找问题解决方案的过程等。在课程开展初期，关注学生面对情境时，对于问题的关注意识以及拆解和细化的能力。在进行过程中，要关注学生能否以任务为驱动进行学习，联系不同学科知识进行思考，并在理性分析问题的基础上，运用工程思维进行设计；在学生遇到问题时，要观察其进行持续性探究寻找解决方法的能力。在课程开展末期，要关注学生进行课程回顾与反思的意识，观察学生是否可以通过自我反思了解个人学习情况的变化与发展，能够对个人知识、技能与能力等多方面的进步与掌握程度进行合理的评估和判断。

现代学习和教学理论强调，学生的学习是一个自主的建构过程，教师的作用在于通过与学生的互动来促进和帮助学生的学习。这就要求教师在课程实施过程中不断地通过评价了解学生的学习情况，及时调整教学过程、优化教学内容、更新教学方式，以切实帮助学生建构知识、综合运用知识解决问题。

（二）过程性评价关注发展的每个证据

在过程性评价中，要注意收集反映学生学习进展、能力发展的每一个证据，以此作为 STEM 教学的具体评价指标，教师可以以此对学生开展形成性评价。在项目的初始和中间阶段，可以依托项目阶段性作品、项目的过程文件或项目的过程表现来开展评价，这些内容可以是作品的草案或作品的初稿（见图 5-4）。

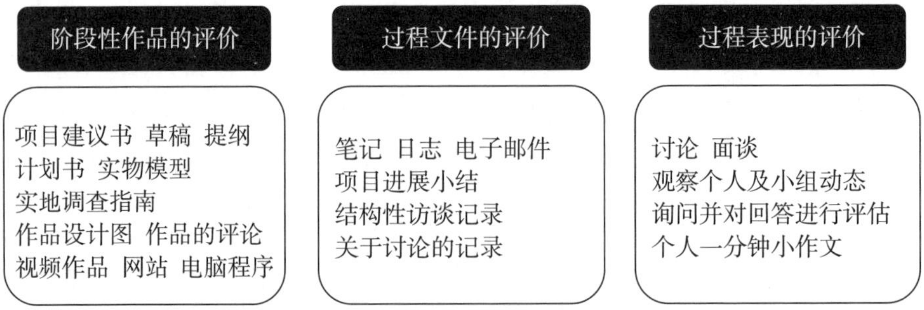

阶段性作品的评价	过程文件的评价	过程表现的评价
项目建议书 草稿 提纲 计划书 实物模型 实地调查指南 作品设计图 作品的评论 视频作品 网站 电脑程序	笔记 日志 电子邮件 项目进展小结 结构性访谈记录 关于讨论的记录	讨论 面谈 观察个人及小组动态 询问并对回答进行评估 个人一分钟小作文

图 5-4　过程性评价的证据

阶段性作品应当与项目的时间线结合起来，教师可以阶段性地对项目进行控制，及早发现学生遇到的未知问题，以及学生是否能够按照既定路线达成项目目标。同时，阶段性作品也可以为学生提供一个展示自己阶段性成果的机会。对于以研究论文为项目作品的项目，由于研究论文需要在多次采访的基础上完成，可以对学生设计采访大纲、开展采访及整理采访结果的情况进行评价，其中采访计划书就是这个项目的阶段性作品。对 STEM 项目而言，项目的阶段性作品可以是解决项目问题的作品设计图、作品的评论、作品的实物模型、相关的电脑程序等。

除项目的阶段性作品外，也可以结合项目进行中的过程文件开展形成性评价。项目的过程文件主要是学生制订的计划、问题解决的方案、设计的图表、工程日志等，它们反映了学生在解决不确定和创造性问题的过程中，进行调查研究、思考反思、计划制订、验证假设等过程。这个过程反映的就是真实世界中解决问题的过程，而对于项目过程中的笔记、日志、关于讨论的记录、项目进展小结等的评价反映的是学生的技能和思维习惯。

除此之外，对 STEM 项目最终解决问题的作品进行评价也是很有必要的。这些作品可以包括项目完成的演示、论文、模型等，可以提供充分的证据说明学生的学习和其在项目过程中取得的成就，是学生所学知识和技能的综合和实证体现。STEM 课程的最终项目作品多数情况下是解决实际问题的设计原型或者模型，是创意物化的作品，以及与其结合的专题说明或演讲等。对于作品的评价设计将指向项目的培养目标，项目的每个培养目标都需要被评价，并且可以在一个或者多个项目作品中体现出来。

（三）过程性评价兼顾评价的每一个主体

STEM 课程的评价主体具有全员性、多元性特点，STEM 课程评价是管理者、教师、学生、家长、社群共同参与和共同建构的过程。其中，应特别重视学生在活动中的自评和互评。通过自评、互评，学生向同伴学习，进行自我改进，促进共同进步，使评价成为自己学会实践和反思、发现自我、欣赏他人的过程。

　　学生在自评和互评的过程中，应经常反思：其对 STEM 活动是否感兴趣，是否有足够的投入，是否有强烈的动机和足够的努力；学习的方法和思考的过程是否合理；存在的困难及导致困难的原因；对学习的任务和目标是否有清晰的认识；是否达到预期的学习目标，是否满意自己的学习效果；其他同学的想法、做法、学习方法和效果是否更为合理有效，哪些地方更值得自己学习借鉴。

　　过程性评价强调为每个任务设计具有"向导"作用的评价量表，由教师带领学生一起讨论、一起制定。学生在开展任务中进行自我评价，知道"什么是好的实验设计""什么样的数据是可靠的""什么是好的方案""怎样做才能达到目标要求""做到什么程度才算好""我还可以从哪些方面努力"等，进而自主完善每一阶段的成果和作品。

　　过程性评价不能简单地用等级或分数来表达，而是采取质性描述的方法，做到全面、经常、及时、具体地写实记录，并及时将有关信息反馈给学生，让学生具体了解自己的学习状况，对学习进行必要的调节，以达成学习目标。

（四）过程性评价示例

　　以第三章介绍的七年级学生"图书馆保卫计划"的 STEM 课程为例，该课程的过程性评价设计见表 5-9。

表 5-9 "图书馆保卫计划"过程性评价设计

阶段	课程主要内容	评价设计
课程开展前	学情分析与诊断。	通过纸笔测试及面谈，了解学生发展现状。
带领学生发现问题，实地考察并查阅资料	将课题组成员分成若干小组，分别带领各个小组成员针对问题进行实地考察和信息收集。	通过评价量表，对学生收集、整合信息的能力进行评价。

阶段	课程主要内容	评价设计
带领学生发现问题，实地考察并查阅资料	思考并提出可能性假设，即哪些因素导致图书馆的书籍受潮，图书馆的设施究竟存在哪些问题。	采用头脑风暴的方式进行形成性评价。调动学生积极性，引发其思考和自主学习的意识。
	提出待解决问题——如何测量环境的湿度？布置作业，引导学生完成资料收集和初步的方案计划。	通过方案规划和作品草图，记录学生档案袋信息，辅助对学科知识和学科技能进行评价。
组织学生进行研讨，整合信息并提出设计方案	引导学生集中讨论，利用思维导图的形式记录已知信息，并进行重整表达。	通过评价量表，对学生及其小组的合作能力、表达能力、资料收集与整合等方面的能力进行记录和测评。
	对小组聚焦问题进行指导，帮助学生确定研究方向。	通过论文撰写，考查学生的文字表达能力，以及开展科学探究的严谨态度。
	带领学生围绕相关假设，有针对性地进行科学探究。	通过问卷制作、科学探究记录，评测学生分析问题、解决问题的能力，以及严谨的科学态度和探究的科学方法。
	制作作品：湿度监测装置，运用传感器模块以及编程软件，对所需功能进行编写，对外观进行制作，最终完整搭建与安装。	通过小组方案的草稿和模型、项目进展跟踪计划对学生学习的过程性资料进行记录。设计评价量表，对学生的动手能力、设计能力、创新能力进行测评。
项目展示与总结	制作小组作品并进行汇报。汇报内容包含小组信息、功能演示、特色说明、遇到的困难及下一步优化计划等内容。	通过评价量表对小组作品及汇报展示进行记录与评价。
	对课程进行总结，鼓励学生养成总结和反思的习惯。	引导学生进行自我反思及小组互评，对课程进行复盘和分享。

三、方式多样，组合开展评价

要实现评价目标，选择合适的评价方法和评估工具十分重要。合适的评价方法能够对学生的课程作品进行综合考量，以测试学生在学习中是否达成预期目标。同时将多种评价形式进行结合，这样对不同特长的学生来说更为客观。

教师在设计评价时需灵活使用多种形式（见图 5-5），如教师在课程开发前的学情诊断中可以用测试、访谈、让学生画思维导图或概念图、观察等形式；在教学过程中常用对话、提问和追问、观察（实验操作、小组讨论）、检查作业（调查报告、实验报告、工程记录、设计方案）等形式；在课程终结阶段，可以使用纸笔测试、表现性评价、学习总结汇报、成长记录等形式。

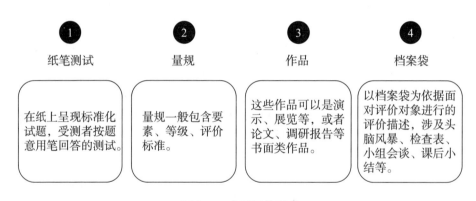

❶ 纸笔测试	❷ 量规	❸ 作品	❹ 档案袋
在纸上呈现标准化试题，受测者按题意用笔回答的测试。	量规一般包含要素、等级、评价标准。	这些作品可以是演示、展览等，或者论文、调研报告等书面类作品。	以档案袋为依据面对评价对象进行的评价描述，涉及头脑风暴、检查表、小组会谈、课后小结等。

图 5-5　多种评价形式

从量化评价和质性评价两方面来看，可分为如下的评价方式。

（一）量化评价

1.纸笔测试

传统的测试对于记忆性知识的学习成果检验十分便捷，只要评价的形式可以和学习内容很好地融合，且与目标紧密相关，纸笔测试就是一种合适的选择。

2. 量表

可以为评价知识、技能与能力独立设置量表，亦可将其设置在同一个表内。为了清楚地描述学生表现，需要进行深入的分析，并进行评价内容的反复迭代。量表一般包含三个部分：要素、等级、评价标准。

要素：学生的表现及作品成果可以分解为若干部分，即要素。这些要素描述了成功的不同方面，构成了量表的框架结构。

等级：在量表中，等级是对学生表现的分级，如不合格、合格、良好、优秀。大多数评价表会分为 3—6 级。

评价标准：评价标准会对评价内容有具体的描述，在使用时便于确定是否达到，以及达到的程度。

传统的评量模式下，测验、量表等量化的评估手段大多以学生事实性知识或低层次思考技能（记忆）的掌握为评测标准，虽然使用起来简单便利，有较强的可比性，但也有其局限性。分数以 A、B、C、D 或优、良、中、差进行等级划分使以学生发展为本的教育偏离了其应有的轨迹，从而过分关注甄别和评选，过分注重结果而忽视过程，使教育评价无法承担真正的杠杆作用，无法通过评价显示学生真正的学习过程与程度。

（二）质性评价

质性评价力图通过对评价对象全面而自然的观察、调查访谈，充分揭示和描述评价对象的各种特质。质性评价是活动评价经常采用的一种形式，特别适用于 STEM 教育活动。以下介绍几种适合 STEM 教育的质性评价方式。

1. 表现性评价

与传统的量化评价方式不同，表现性评价是一种由学生建构答案或创作作品以显示其知识或技巧的评价方法（徐朔，2006）。表现性评价强调在真实的情景中学生主动地建构答案或反应，强调通过观察、记录及系统地收集学生能做什么和如何做的资料，清晰地了解学生的需求与发展可能，强调把学生在解决问题中的实际表现作为评价学生发展的有效证据。

STEM课程的表现性评价和其他活动课程的表现性评价一样，它的实施是一个基于评价目标、运用评价工具、展开评价活动、形成评价结果的系列过程。其中，开发评价工具是表现性评价实施的关键环节，主要包括拟定表现性任务和制定评价标准。表现性任务的开发要基于评价目标，依托真实情境，提出科学、具体、清晰、可操作的学习任务。评价标准的制定要具体到活动的每一个阶段、任务的每一个要素及学生的每一次表现。如对"组织规划能力"这一目标的评价可设置一项"策划学校科技节"的评价任务，具体活动可包括：讨论，明确任务要求；分工，明确组内成员分工；操作，完成调研任务；展示，呈现策划方案；评价，推荐最优方案。根据以上活动任务和要求，再制定评价规则，对每种表现水平进行较为具体的描述（见表5-10）。

表5-10 "组织规划能力"表现性评价规则

课程目标	初步形成有计划地解决问题的习惯，能结合已知的条件和限制因素构思一个完整、可行的方案，方案应包括需要考虑的相关要素和情况、表明事情的顺序并考虑资源的综合运用。	
表现任务	为了激发大家对校园科技节的关注和兴趣，让科技变得更酷炫好玩，让更多的学生愿意参与科技节活动，请策划今年的校园科技节。	
评价建议	等级	表现描述
	A	活动主题鲜明、有创新；活动设计能紧扣目标，有创意；参加对象明确；活动内容与形式恰当，环节安排合理；对活动意义有较深刻的理解。
	B	活动主题清晰；活动设计能围绕目标；参加对象明确；活动内容与形式安排清楚；对活动意义有较深刻的理解。
	C	活动主题模糊；活动设计脱离目标要求；参加对象不够明确；活动过程空洞、可行性差；对活动意义的认识笼统不清。

表现性评价顾名思义就是要评价学生的表现，包括学生在学习过程中的行为表现以及在学习终结阶段中反映学习成果的作业/作品表现。关于前者，本

书中已有关于目标如何具体描述以及针对不同阶段、不同要素的评价量表的详细阐述。至于反映学生学习成果表现的作品，它是学生所学知识技能的综合体现。对作品的评价一般是在学习成果展示的环节进行的。作品的完成形式及呈现方式可以有很多种。比如，作品的完成形式可以包括学生在 STEM 课程学习中形成的小制作、小设计、小发明、科技小论文、调查报告、模型展板、设计图片等，其评价要看不同形式的作品是否达成预期的目标及其合理性和创新性。以学生的研究性论文为例，评价表设计见表 5-11。

表 5-11　研究论文的评价表

指标	入门	一般	好	非常好
内容	一些信息缺失，信息不准确或不相关。	提供基本的信息，有部分信息不准确或不相关，所做的研究不多。	内容基本完整、准确，有切题的信息，做了充分的研究。	内容完整、准确，有切题的信息，做了广泛深入的研究。
思想与沟通	不理解主题；观点表达不清晰，没有举例、推理、细节和解释；对收集到的材料没有解释和分析。	展现出对主题的部分理解，分析和反思都很有限；观点表达不清晰，缺少举例、推理、细节和解释；看问题角度单一。	展现出对主题的大致理解；所提出的观点表达清晰，并有合适的举例、推理、细节和解释；对所讨论的问题能够从一个以上的角度审视。	通过细致的分析和反思，展现出对主题的深入理解；所提出的观点表达清晰、完整，并有很多合适的举例、推理、细节和解释；对所讨论的问题能够从三个或三个以上的角度审视。
组织结构、文法和用词	缺少组织架构，如段落、章节、过渡；语法、标点、字词错误很	文字有从其他地方复制粘贴的；文章的段落、章节、过渡有错误	所有观点都是用作者自己的语言描述的；文章的段落、章节、过渡有个别错误；	所有的观点都是用作者自己的、斟酌过的语言描述的；文章的段落、章节、过渡

指标	入门	一般	好	非常好
组织结构、文法和用词	多；缺少参考文献说明。	或者有缺失；语法、标点、字词有不少错误；论文的参考文献不够，包括第一手来源和第二手来源。	语法、标点、字词有个别错误；论文的参考文献数量符合要求，包括第一手来源和第二手来源。	都非常自然、有效；语法、标点、字词很少有错；论文的参考文献数量很多，包括第一手来源和第二手来源。
图解	图解不能够帮助读者理解论文内容及核心观点。	图解使用不恰当，不能支持论文观点；文中的表格、图表、图片或模型的标注有错误，或者与主题不相关。	论文中有图解说明；有些图解标注有误或版面设计错误。	论文配图仔细，文中的表格、图表、图片和模型有助于理解，有合适的编号和标注。
整体表达	论文组织混乱，没有包含所有要求的内容。	论文显得有些凌乱、有缺陷，或者遗漏了某些要求的部分内容。	论文表达不错；整体有序，有个别错误或遗漏。	整篇论文表达得体，包含所有需要的元素；整体很有序，有专业性。

作品的呈现方式可以是学生围绕项目进行的表演、陈述、答辩或举办的演示、展览、现场创作等，对作品呈现的评价主要看这些成果展示活动中所体现出来的学生学习的真实性、丰富性和深刻性，学生在学习过程中的认识、体验、感悟、反思及对学习方法和技能的掌握情况等（见表 5-12）。

表 5-12　不同作品的完成及呈现形式举例

名称	说明
研究论文	可以是传统意义的文章或研究论文。
报告	项目中学生对重大事件进行调研，通过分析或研究某个重要的社会问题或社区问题，最终形成报告，提交给社区或者学校。

名称	说明
多媒体演示	学生使用数码技术，设计一个多媒体演示作品，可以在网上在线演示，也可以参加某个展览。
学校范围内的演讲与陈述	向全校范围内的学生或者某些其他班级的学生做项目陈述，这个办法可以有效地提升学生的表达水平。如果条件允许，教师应尽量避免学生只对本班其他同学做项目陈述。
学校以外的展览	学生家长和社区居民参与的活动，包括口头的演讲、艺术作品或多媒体成果展示。

另外，作品还有物化成果和非物化成果之分。物化成果是指学生在学习中形成的可观、可触的作品。非物化成果是指学生在学习过程中形成的创新精神、实践能力、问题解决能力、反思能力以及情感态度价值观等方面的发展和进步。物化成果更直接，但非物化成果的意义和价值更大更深远。

2. 档案袋评价

档案袋评价是 20 世纪 80 年代中期在美国教育实践中出现的一种学业成就评定方法。"档案袋"的英文表达为 portfolio，有文件夹、公事包或代表作选辑之意。彼得·阿来萨（1999）认为，档案袋是一种收集学生的表现或作品的评价方式，要求学生整理一系列的表现或作品来展现其能力或进步。教育部发布的《中小学综合实践活动课程指导纲要》对建立档案袋提出了具体的要求：在活动过程中，教师要指导学生分类整理、遴选具有代表性的重要活动记录、典型事实材料以及其他有关资料，编排、汇总、归档，形成每一个学生的综合实践活动档案袋。作为同属跨学科的综合性、活动性课程，综合实践活动的档案袋评价无疑可为 STEM 课程提供宝贵借鉴和具体示范。

档案袋一般根据课程目标与计划，由教师与学生共同收集完成。它的制作过程涵盖了从课程起始到结束表现学生发展变化的资料，反映了学生成长的轨迹。成长档案袋收集与记录哪些内容并没有硬性规定，可以放入不同阶段的活动记录与成果，如学生制定的活动方案、设计的调查问卷与访谈提纲、活动过程中的工程日志、数据分析与处理报告、设计草图与修改稿、最终成型的创意作品模型或原型、活动过程中的感受和反思等。成长档案袋的关键是看其建立的目的和要求，要让学生提前了解对档案袋收集的资料会如何评价（见表5-13），并提供清楚详细的评价指南，使学生明确需要放入档案袋的内容，有针对性地搜集素材，养成对过程及时记录、对素材随手整理、对学习经常反思的良好习惯，让成长留痕，为未来奠基。

表 5-13　档案袋资料收集及评价

名称	说明
头脑风暴	采用白板、思维导图等工具引导学生找出已掌握的知识、他们关心的内容以及能够产生创造性想法的方向。在进行记录时，需将学生的想法归类，寻找关联以催生深入思考和新的想法。
检查表	记录关键节点以及作品计划完成时间和完成情况。
小组会谈	教师召开的非正式小组会议，主旨是对课程不同事项提供差异化关注，协助学生开展研究，帮助学生有条理地进行学习或是促进项目的正常开展等。
课后小结	在课堂末尾让学生对本课内容进行消化和复盘，汇报学习内容。需要确保问题变换，且让学生有充足的时间进行回答。
兴趣量表	挖掘学生兴趣以及关注点，并将其融入到课程设计当中。
成长记录	包括课程计划、大纲、复盘日志、工作初稿、图片、录音和与他人的通信记录。
项目记录	可以为学生指引方向，并反映项目进展。可以用表格来进行记录，并让学生用此跟踪任务，包括每个项目的负责人、完成任务的截止日期和任务完成情况等。

整体而言，实施档案袋评价有助于促进学生反思与进步，特别是在作品展示或过程记录中，学生自己评估提交作品或资料的质量和价值，从而判断自己的学习质量和进步、努力情况，进而学会自我反思和评价，成长为反思型学习者。

总的来说，课程评价的对象、内容、主体、范围非常复杂多元，没有任何一种评价的分类能够穷尽且互不关联。相反，各种不同的评价类型都有其相通、相融之处，也都有各自的侧重点和局限性，彼此之间并不孤立存在。STEM课程需要多种类、多形式评价的共同参与，有机结合，互补长短，以增强其评价的有效性和准确性。教师在对应评价形式的选择上，需考虑目标需求与评价方式的匹配程度，综合各评价指标给学生提供多种类型的反馈，帮助学生在课程实践过程当中实现深度学习并产出高质量的课程作品（见图5-6）。

	优点	缺点
纸笔测试 适用于评价知识内容的掌握情况	· 对于学生数量多的情况，易于提供标准化的评价管理。 · 适用于评价学生个体。	· 很难评价出学生的技能水平。
量规 评价技能的掌握	· 能让学生更好地了解目标，明确课程要求。 · 量规越明确，教学的目标和课程目标越明确，越有利于课程开展和最终作品展示。	· 描述的行为需易于观察和测量。完善的量规制定工作量较大且需要反复修改。
作品 评价知识与技能	· 模拟真实环境，学生可以向真实的观摩者展示项目成果。 · 考虑到学生综合能力的展示。 · 允许学生展现个人能力，能对作品有润色。	· 组织工作比较困难。 · 当项目作品是全组共同努力的结果时，很难评价项目小组中每个学生的贡献。
档案袋 评价素养、知识与技能	· 能够长期、完整记录学生学习和进步的情况。	· 需要关注时间节点，并持续进行数据收集。

图 5-6　不同评价方式的比较

（三）数字画像让成长更可见

STEM课程评价综合了对学生学科知识、学科技能和核心素养的评价。数字画像是将学生的评价数据收集、整合，并将反映学生综合素质的数据和信息进行标准化，将学生多方面素质通过表象呈现出来。

个体的综合素质以数字画像的形式呈现出来，首先可以从多个维度全程记录学生的成长数据。与学科知识相比，学科技能和核心素养的培养一般在短期内无法体现出来，借助数字画像生成过程中的信息记录，可以更加忠实地反映出学生能力的长期发展。其次，数字画像能够更加直观地体现学生的评价结果，这种呈现方式可以帮助师生看清学生的成长状态，并在帮助教师改进教学和进行学生学习的干预方面提供更加科学的决策辅助（张治 等，2017）。

对于教师来讲，多维的数字画像使得教师对学生知识与技能的培养更加清晰直观，教师可以基于数字画像对学生进行分类培养，同时通过分析发现学生的优势和薄弱环节，引导学生确定个人的发展目标；对于学生来讲，结合数字画像，学生可以更加了解自己，知道自己的优势和不足，对自己的学习和以后的发展倾向及时进行调整。数字画像还具有诊断和激励功能，能够发挥评价的导向性，引导学生更积极地参与到学习活动中（见图 5-7）。

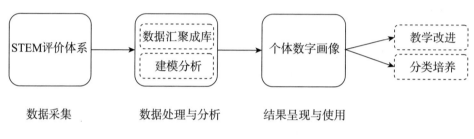

图 5-7　数字画像的采集与分析

（四）综合评价示例

四年级的 STEM 课程"实现农耕园的假期监控"缘于假期中学校农耕园种植的植物无人看护这一情况，由此引导学生发现存在的问题，并尝试逐步解决问题，最终经历装置设计、程序编写以及搭建调试的过程。最终成果可实现定时浇灌，并将土壤湿度数据上传至云端进行远程查看等效果。授课过程涉及科学、数学、信息技术、工程等相关学科的知识及技能，同时也培养了学生小组合作、信息加工与处理、主动探究等关键能力。在确定课程教学目标的基础上，教师需针对不同的目标类型和内容，确定评价方式及量表，通过使用项目成果和其他证据，完整地对课程目标的实施和完成情况进行评估。同时，教师还在课程开展过程中频繁地利用多类型工具，定期为学生提供自评的机会，让学生快速有效地收到反馈，以指引后续课程的进行（见表 5-14）。

表 5-14 "实现农耕园的假期监控"课程评价

类型	内容	评价方式	问题／标准
学科知识	认识并能够描述植物生长所需的环境条件。	纸笔测试	植物生长所需的环境条件有哪些？
	能够选择合适的方法计算植物种植的间距，并描述分布形式。		计算两点之间距离的公式是什么？
	说明土壤湿度传感器的原理及使用方法，理解"输入—运算—输出"的运行模式，并能够将该模式运用于其他类似的传感器当中。	作品	提供新的传感器类型，检验是否可以举一反三对其进行连接。
	了解并能简要描述 Wi-Fi 的原理。	纸笔测试	电磁波是什么？
学科技能	能够将滴灌技术应用于实际场景当中。	作品	检验是否可以在作品中对滴灌技术进行应用。
	学会使用如螺丝刀等工具对滴管设备进行安装。		检验作品制作中是否采用合适的工具进行操作。
	学会使用土壤湿度传感器来检测环境数据。		检验作品制作中是否准确利用传感器进行数据获取。
	能够进行研究论文的编写。	量表	制定评分等级进行评价。
	能够使用 Wi-Fi 技术制作数据传输装置。	作品	检验作品制作中是否能够合理利用 Wi-Fi 技术并实现数据传输功能。
关键能力	能够在装置制作的过程中进行小组内部的合理分工，对出现的问题或矛盾进行调解。	档案袋	在课程开展的过程当中，记录包括小组计划、项目进度安排、课堂复盘等内容；在项目关键节点设置头脑风暴、课堂考察、小型作品设计等内容。
	能够对问题进行定义与分析，并对搜集到的相关资料进行整理和总结。		
	能够在课程中主动进行探究，寻找核心问题并进行文字或语言形式的描述。		
	能够保持想象力和好奇心，对装置作品能够提出创新性的解决方案。		

第六章 STEM课程设计与实施案例

合奏《小星星变奏曲》——设计制作小乐器

设计一种室内环境监测仪

智能种植——以设计与搭建铁皮石斛生境智能监控
　系统为例

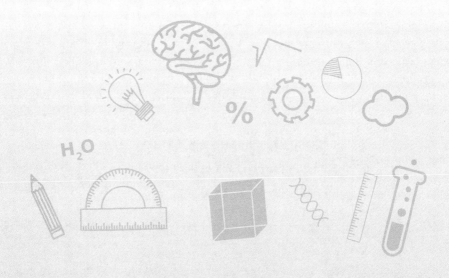

本章提供 3 个STEM课程案例。案例包括两部分内容：一是课程设计方案，二是项目实施案例。课程设计方案涵盖学情分析课程简介、课程资源分析、课程目标、课程计划、课程评价等要素；项目实施案例分阶段呈现课程实施的全过程，并在关键环节附上教师点评，最后以师生反思结束。

本章学习目标：

1.了解STEM课程案例撰写的格式和体例。

2.掌握STEM课程建设的关键环节。

3.把握STEM课程建设的关键要素。

第一节　合奏《小星星变奏曲》——设计制作小乐器^①

《义务教育科学课程标准（2022年版）》明确提出"倡导跨学科学习方式"，倡导教师开展 STEM 教育。深圳市盐田区庚子革命首义中山纪念学校积极参加深圳市盐田区科学教研员姚毅锋主持的广东省第二批 STEM 教育专项研究课题"STEM 教育理念下小学科学课程整合的区域实践研究"，根据 STEM 教育与小学科学课程两者都有趣味性、实践性、综合性等特点，依托国家教材，选取教科版小学《科学》四年级"声音"单元进行基于学科的 STEM 教育整合实践探索。

在本案例中，教师从解决"用自制乐器进行演奏"的实际问题出发，带领学生经过 7 节课的学习实践，对声学知识进行自主探究，小组合作设计制作小乐器。学习的过程不仅实现本单元的单元目标，还有机整合了多学科的知识和技能，培养了学生的综合素养。

一、课程设计方案

课程名称：合奏《小星星变奏曲》——设计制作小乐器。

---

① 本案例系广东省教育研究院第二批 STEM 教育专项研究课题"STEM 教育理念下小学科学课程整合的区域实践研究"的阶段性研究成果之一，由深圳市盐田区庚子革命首义中山纪念学校设计，指导教师为许立希、姚毅峰。

适用年级：小学四年级。

总课时：7 课时。

涉及学科：科学、技术、工程、数学、音乐。

（一）学情分析

声音是人类认识世界的途径之一，我们的周围充满了声音。四年级的学生对声音有着自己的感性经验，能用"优美动听""尖锐""嘈杂"等词语形容声音，知道声音有高低、强弱之分，但他们尚未使用科学的方法对"声音与物体的振动的关系"进行系统的探究，且对不同声音产生的原因等问题，有些认识是正确的，有些是不正确的。

深圳市盐田区庚子革命首义中山纪念学校一向重视中国传统文化教育，每学年学校都会举办至少一次艺术节汇演活动，大部分学生有学习民族乐器的经验。尽管学生已了解一些常见的乐器，但是他们并没有用实验手段研究过乐器与声音的关系。

基于学生的认知水平和校园文化，本课程以项目式学习的方式，通过围绕解决核心问题（任务）展开的一系列的教学、自学、实操活动，在理论和实践相结合的学习中，引导学生深化有关声学概念的建构，在建立证据与解释之间的关系中形成推理论证等科学思维，发展探究实践的能力。

（二）课程简介

1. 课程背景

我国璀璨的音乐文化源远流长，其中民族乐器随着历史的发展，形成了宝贵的文化财富。学校每年 1 月都会举办元旦艺术节汇演，给予学生展示的平台。结合现实背景和 STEM 课程理念，学校开发了校本课程"合奏《小星星变奏曲》——设计制作小乐器"。

2. 课程设计思路

本课程围绕总驱动任务——制作能演奏儿歌《小星星变奏曲》（以下简称《小星星》）的小乐器，依托国家课程标准，选取教科版小学《科学》四年级上册"声音"单元，以小组为任务单位，开展基于STEM教育理念、以科学学科为核心、有机融合多学科知识技能的课程整合学习，使学生在解决真实问题的过程中主动学习、探究，有效提升综合实践能力（见图6-1）。

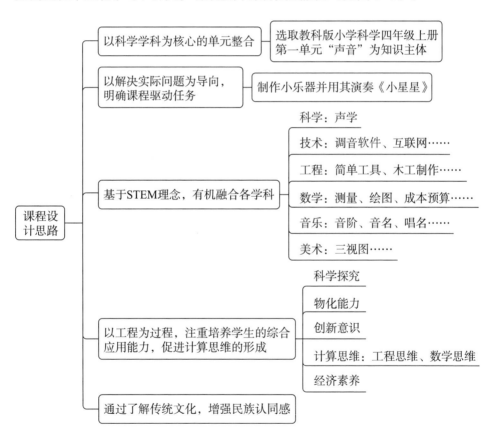

图6-1　课程设计思路

（三）课程资源分析

本课程所需材料（如木板、橡皮筋等）和部分工具（如剪刀、尺规等）由学生自行购买。教师需要提供曲线锯、电磨、电钻等工具。部分工具需要在教师监督下使用，如锉刀、电磨等；一些危险工具只能由教师代为使用进行加工，如曲线锯、电钻等。

以小组教学的形式进行授课，以科学教师为主导，与音乐、美术、综合实践教师合作教学。

（四）课程目标

1. 学科知识

（1）单一学科知识

通过观察分析振动实验的现象和不同乐器的发声方式，理解声音是由物体振动产生的，振动会改变声音的高低与强弱；知道声音可以通过介质向各个方向进行传播。（科学）

通过对自制乐器的设计与制作，认识到制作一个产品的过程包括设计、准备材料，使用工具对材料进行加工和结合等步骤。（技术）

通过绘制乐器设计图等方式理解结构在不同角度将呈现不同的外形特点。（数学）

通过识唱《小星星变奏曲》初步认识音名、唱名、音符的概念。（音乐）

（2）跨学科知识

在探究声音现象并将其应用于乐器的工程制作的过程中，理解人造物品是应用从自然界发现的规律、使用自然界的材料制作而来的。

2. 学科技能

（1）科学探究与发现

能够基于对改变声音强弱、高低的猜测，制订控制变量的探究计划，并使用合理的数据记录方法收集证据，通过图表转化、分析、比较、推理等方法得出探究结论。

（2）工程设计与制作

能够分析乐器制作任务的必需要求和优化条件，能够设计符合约束条件的方案，并对乐器的使用材料、制作成本等限制进行说明。

能够进行乐器结构、音调的测试，并结合成本、品质等综合评价，提出改进方案。

（3）数学建模与计算

能够建立模型表示音调与材料结构的数据关系，并结合图表形成因果关系的结论。

（4）技术实践与应用

能够使用调音软件对自制乐器的音高进行校正。

3. 关键能力

（1）认知能力

能够在解决核心问题的过程中选择有效的知识，提出多种可能的解决方案，并对方案进行分析、比较、妥协、折中、转换，实现方法和资源的整合，得出最优解。

（2）合作能力

能够在小组合作中合理分配工作职能，积极倾听并使用协商策略解决实验与制作过程中的冲突。

（3）创新能力

能在探究与设计过程中保持好奇心，敢于提出创造性的建议并主动进行实践。

（4）职业能力

能够接受来自外界的评价和反馈，调整自己的行为方式及问题解决方法。

4.态度责任

（1）好奇

能在完成驱动任务的过程中保持对声音现象的好奇心和探索欲。

（2）批判性思维

能对声音现象的产生与变化原因等勇于提出自己的猜测、看法、做法，不盲目跟从他人。

（3）求真

能如实记录和报告对声音现象与物体振动情况的观察与实验的信息，基于实验事实思考并表达声音现象本质的观点，形成实事求是的态度和证据意识。

（4）社会责任

能够在探究实验和工程制作的小组合作中明确自己的职责，并能按计划、按要求完成自己的任务。

（五）课程计划

根据教学流程与本单元的实际教学情况，安排了4个环节共7个课时的教学活动（见图6-2、表6-1）。

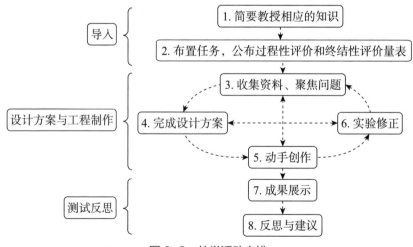

图6-2　教学活动安排

表 6-1　教学活动安排

活动主题	活动内容	活动实施	课时/地点
活动导入——发现音乐文化瑰宝	1. 教师组织观看视频《青花瓷》，并发布课程总任务及评价量表。 2. 头脑风暴：乐器需具备的条件。 3. 小组活动：利用网络资源和资料袋等进行自主学习。 4. 课后继续进行小组学习，收集整理问题清单。	通过观看视频，激发学生对认识乐器的热情，给予学生对乐器充分的感性认识。 发布本课程的总驱动任务和评价量表，让学生明确本课程总任务——设计制作能演奏《小星星》的乐器，并根据各个环节的评价量表监管自己和小组的学习活动情况。 明确课程任务后，学生利用资料包、学生活动手册和平板电脑进行自主探究学习。	1 课时/教室
方案设计——我是乐器设计师	1. 各组展示问题清单，师生共同解决。 2. 了解设计方案的步骤及过程。 3. 小组活动：根据学生活动记录手册的指引，完成乐器设计环节。 4. 展示设计方案，其他小组提出质疑或意见。 5. 课后继续完善设计方案，并根据所需材料清单进行材料准备及购买。	教师从本环节开始就是学生学习的辅助者和指引者。 本环节开始的展示交流活动是教师检验学生小组学习成果的重要部分，反馈小组的自主学习能力和合作情况便于之后教学中教师有的放矢地进行辅导。 撰写乐器设计方案是本环节的一个重点内容，教师可提供方案设计的流程图给学生参考。 课后学生需要根据方案进行材料、工具的购买与收集。	2 课时/美术室

活动主题	活动内容	活动实施	课时／地点
活动实施——"乐器工坊"	1．介绍各种工具的用途、使用方法，提醒安全事项。 2．制作乐器，教师进组指导。 3．中期汇报：小组展示目前的工程进度，提出待解决的问题或优化方案。 4．继续优化乐器，并使用调音软件调试乐器的音调。 5．课后练习演奏《小星星》，鼓励演奏更多歌曲。	动手制（创）作是一个物化的过程，鼓励学生按照设计方案及实际情况进行制作与改进。 在乐器的制作过程中，还有非常重要的调试优化步骤，学生可使用调音软件判断音调是否为标准音。 在两个课时中进行一次中期汇报，以便教师及时调整辅导对象和方向。	2课时综合／实践活动室
展示与反思——我们的演奏会	1．分组介绍自制乐器并用其演奏《小星星》，小组互评。 2．全班合奏《小星星》。 3．整理学习的过程性资料，形成课程思维导图，并面向全班进行汇报。 4．师生共同评选"最佳工程师""最佳演奏家""团结之星"称号。	表演分为分组演奏和全班合奏，由音乐教师和其他小组学生进行评价。 由于本课程涉及各个学科的学习，鼓励学生用自己的方式将学习过程进行梳理并做分享。 最后，由师生共同评选出获得奖项称号的小组，对学生的课程学习表示肯定，并鼓励学生继续进行更多的STEM课程学习。	2课时／教室

教学反思：课程计划紧紧围绕核心驱动任务，发挥课程目标的导向性，以工程过程为课程发展主线，抓住核心任务"设计制作乐器"的本质要求进行总任务的分解，建立相应的子任务活动及其评价，使课程结构层次分明，课堂活动层层深入，符合学生的学习规律。

（六）课程评价

本课程评价以学生为评价对象。

1. 总结性评价

①纸笔测试：以个人为单位进行，重点考查学科知识（知识点检测见附录）

②作品及演奏评价：由师生共同拟定作品及演奏表现的评价标准（见表6-2），并以小组为单位进行评价。

表6-2　乐器及演奏表现评分标准

组别	乐器音准性（30分）	乐器美观性（20分）	乐器稳固性（20分）	乐器便携性（15分）	乐器节约性（15分）	总分

③成长档案袋：汇总过程性资料，形成"数字画像"。档案袋包括学生活动记录手册（包含头脑风暴思维导图、作品初稿、工程日志等）和影像资料。

2. 过程性评价

主要按项目开展时间线分阶段设置评价量表，由小组成员互评（见表6-3）和教师评价（见表6-4）组成。

表6-3　课程学习过程性评价量表（学生）

在下列各项中选择合适的表现等级，☺代表符合，☺代表部分符合，☹代表不符合。

评价内容	自我评价
我非常清楚这次课程的总任务。	☺ ☺ ☹
我能熟练使用互联网查询资料等，并及时对资料进行整理。	☺ ☺ ☹
我能解释声音是如何产生的、声音的强弱和高低与什么因素有关。	☺ ☺ ☹
我能使用尺规工具绘制乐器设计图、标出基本尺寸，并能对乐器结构进行表述。	☺ ☺ ☹
我能考虑材料的成本和可替换性，从而选择最合适的材料。	☺ ☺ ☹

评价内容	自我评价
我能正确、安全地使用简单的工具。	☺ ☹ ☹
我能根据设计方案有步骤地进行乐器的制作，并根据实际情况对方案进行修改。	☺ ☹ ☹
我会使用调音软件对乐器的声音进行检测，并根据调试结果，对乐器结构进行调整。	☺ ☹ ☹
我会使用自制乐器演奏《小星星》。	☺ ☹ ☹

表6-4 _____小组课程学习过程性评价量表（教师）

评价内容	符合	基本符合	不符合
1.该组明确知道本次课程的总任务。			
2.该组成员能熟练使用互联网查询资料。			
3.通过自学，该组了解了相关的声学、音乐知识，并能设计简单的实验探究声学的知识。			
4.该组目标明确，能客观分析方案、作品的优缺点，并能针对问题寻找有效的解决方案。			
5.该组能使用尺规工具规范作图。			
6.小组内合作中，组员分工明确、积极参与、发挥特长，有强烈的归属感。			
7.该组能选择并正确使用工具，并在使用后能及时整理、收纳工具和材料。			
8.该组能使用调音软件对自制乐器的音高进行调试。			
9.作品完成度较高,乐器结构牢固、美观,具有创意。			
10.乐器音准较好,并能演奏规定曲目《小星星》。			
11.汇报展示时,内容思路清晰,语言表达流畅,并乐于对其他小组的展示内容进行提问或提意见。			

教学反思：STEM课程除了让学生学习知识技能、动手实践外，更重要的是发展学生的关键能力，这是区别于其他教育教学方式的关键标志。因此，在评价中除了要关注最终乐器作品及其演奏效果等外显的学习成果外，也要关注学生诸如合作能力、认知能力等关键能力目标的达成，肯定学生个体的成长，帮助学生建立积极的、多维度的自我评价。

二、项目实施案例

（一）项目概况

本案例基于STEM教育方式，以教科版小学《科学》四年级"声音"单元的内容为基础，整合相关内容开展教学：根据学生认知特点，选择学生熟悉的乐器为研究对象，让学生以小组合作的形式，整合多学科的知识，设计制作小乐器，在学习过程中通过评价量表的指引，引导学生对声学知识进行探究，以此达到本单元的单元目标。

（二）项目实施过程

1. 活动导入——发现音乐文化瑰宝

（1）教师展示视频《青花瓷》，引导学生观察民族乐器

中国是世界上最古老的国家之一，有着丰厚的文化历史沉淀，让我们通过一曲《青花瓷》来寻找我国的传统民族乐器吧！

（2）发布单元核心驱动任务

古人的智慧真令人感叹，能制作出发出这么优美乐音的乐器。在"声音"这个单元，我们将从声音的科学角度来认识乐器，动手制作一个能演奏乐曲的

简单乐器，并在学校1月举办的元旦艺术节表演一场"别开生面"的演奏会。

出示本单元核心驱动任务：制作能演奏儿歌《小星星》的小乐器，并出示评价量表（见表6-2）。

（3）头脑风暴：乐器需具备的条件

学生："要能发出声音""《小星星》有6个音符，乐器要能发出6种声音""乐器要牢固、美观"……

教师："要达到这些条件，我们会遇到什么问题？"

学生："怎样让乐器发出声音""怎样让乐器发出do、re、mi、fa、sol、la六种不同的声音""乐器选用什么材料"……

全班通过头脑风暴的方式，列出乐器所需具备的条件，思考如何实现这些条件，需要解决哪些问题，进而将总任务分解为几个小但可以解决的子任务，形成问题清单，并确定解决问题的步骤（见图6-3）。

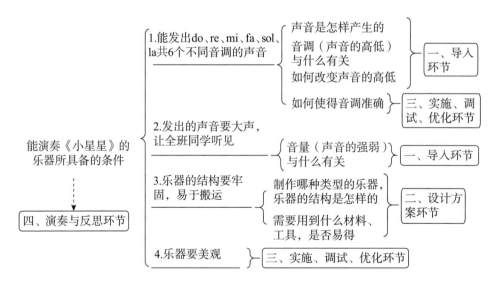

图6-3　乐器所具备的条件

教学反思：学生通过回顾生活经验和自主学习电子资料包，初步从科学的角度探究声音的现象与物体振动之间的关系，并利用身边易得的材料制订控制变量的探究计划，通过合理的方式分析实验数据验证猜想，有助于形成关于结构与功能的跨学科概念。

（4）利用平板电脑和资料包进行小组自主学习

教师教授使用浏览器查询资料的方法，提供学生活动记录手册及资料包，提示学生根据导入环节形成的问题清单进行自主学习，收集有关资料并及时记录整理（见图6-4、图6-5）。

图6-4　用发圈探究声音的产生　　　图6-5　利用平板电脑查询相关资料

声音是由物体振动产生的，我想起音响播放很大的声音时，玻璃窗会振动！

网上说声音的高低叫作音调，和物体振动快慢有关，要不我们用橡皮筋试一下？

（5）小组分享自学成果

小组通过实验演示、图文展示等方式汇报学习成果。同时，教师及时将相关声学知识整理归纳成思维导图或班级记录表，对于遗漏的单元知识点进行补充，便于学生后续进行单元知识梳理及复习（见图6-6、图6-7）。

图6-6　展示自学成果　　　　　　图6-7　展示乐器计划

2. 方案设计——我是乐器设计师

（1）交流乐器计划

古筝小组："我们想要制作迷你古筝，它是通过弹拨让弦振动发出声音的。我们可能会遇到的困难是，古筝的弦很长很硬，有没有办法固定琴弦呢？"

其他小组：

"可以换比较软的弦，比如尤克里里的弦。"

"也可以用橡皮筋代替，橡皮筋比较容易变形和打结。"

教师要留意各组乐器的类型是否过多重合，鼓励小组间乐器类型多样化，并对乐器的数量、制作难度和可行性进行把握和预判，鼓励学生切合实际进行创造。

（2）明确设计任务

设计方案流程见图6-8。

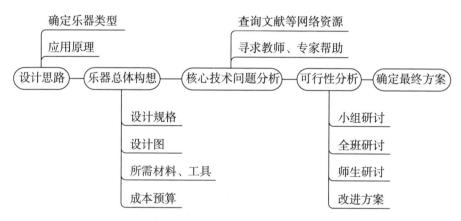

图6-8　设计方案流程

撰写设计方案是本节课的重点内容，学生要对设计方案的全过程有一定的认识和了解，便于后续有顺序地开展自主设计。

（3）撰写设计方案

①绘制设计图

由于四年级的学生还没有学习圆规的使用和立体图形的绘制，在这个环节中，教师需要先教授学生使用尺规工具作图的技能，并以三视图的绘制代替立体图形的绘制（见图6-9）。

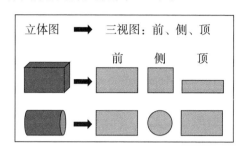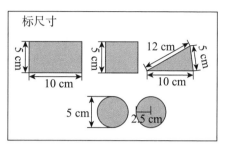

图6-9 设计图要素

②用材及成本预算

工程师在设计产品的时候，除了考虑产品本身的结构之外，还要考虑将来投放到市场上的收益。所以在设计过程中，产品的材料成本也是需要考虑的方面。我们可以从哪些方面降低成本呢？

学生交流："需要同一种材料的小组一起团购""可以用废品代替材料，比如快递箱等""先算好需要多少面积的木板，然后买必要大小的木板"……

本次乐器制作由学生根据本组乐器设计需求选择并自备合适的材料。为了避免学生乱买材料、浪费材料的情况出现，教师对各组的预算进行限制，如要求每组购买材料的费用不超过50元，并鼓励使用废旧物品或便宜的可替换的材料。

教学反思：在实际工程中，产品的成本预算和投入市场价格是决定企业盈利能力的重要方面，是实现产品市场化不可缺少的环节。在本环节中加入成本预算，并对成本进行限制，让学生从市场经济角度思考乐器材料的可替换性并提高材料的利用率，实现工程设计与制作目标，避免出现乱买材料、浪费材料的情况。

（4）小组第一次自主设计方案

在本环节中学生将根据学生活动记录手册的提示进行自主设计。教师在这个过程要留意各组的合作情况，提醒学生及时记录和整理资料（见图6-10）。

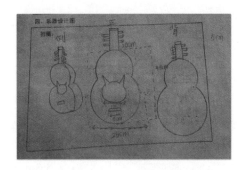

图 6-10　吉他设计图初稿

（5）小组汇报初步设计方案

各组依次进行设计方案的汇报，主要从设计图展示介绍、可行性分析、成本预算等多方面进行汇报，其他小组和教师倾听并提出意见和建议（见图6-11、图6-12）。

图 6-11　吉他小组可行性分析

图 6-12　排箫小组可行性分析

（6）课后任务：小组第二次自主设计（改进）方案

各组根据汇报结果进行方案的再修改和实施方案的分工，并在课后准备好所需材料及工具（见图6-13、图6-14）。

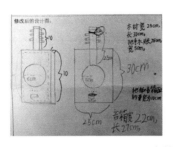

所需材料及预算

材料	规格及数量	预算
木板	300mm × 450mm × 4mm × 3 片	24 元
尤克里里弦	4 根	23 元
木条	15mm × 15mm × 150mm × 1 根	1 元

图 6-13　吉他小组设计图修改图及预算

所需材料及预算

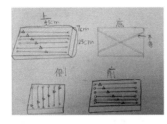

材料	规格及数量	预算
木板	300mm × 450mm × 4mm × 3 片	24 元
粗橡皮筋	6 根	2 元
木条	15mm × 15mm × 150mm × 1 根	3 元
白乳胶	1 瓶	8 元

图 6-14　古筝小组设计图修改图及预算

教师需要在课后向学生家长说明材料购买的相关要求，请家长协助学生进行购买。

3. 活动实施——"乐器工坊"

（1）工具使用说明及安全提示

在学生实施方案前，教师要介绍各种常见工具的用途、使用方法及注意事项。一些危险性较高的工具（如曲线锯、电钻等）要摆放在指定的工具区并划分明显的区域，提醒学生不能擅自进入工具区，需要教师帮助时，要在区域外有序地排队等候（见图 6-15）。

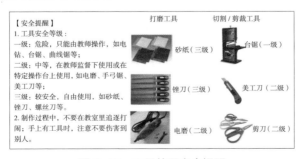

图 6-15　工具使用安全提醒

教学反思：工程制作中需要使用大量工具和材料，且在小组活动中教师往往无法全面、及时地注意到各组学生的活动情况，尤其本环节中涉及如台锯、电钻等危险工具，使用不当极易产生安全事故。因此，教师在实施过程中必须对不同工具和材料的安全水平进行评估，做好操作教学和安全教育，适当增加教学助手，从不同方面杜绝安全隐患，在提升学生动手能力的同时保障学生的安全。

（2）明确工程制作任务，进行工程制作

在这个环节中，各小组成员忙中有序，有的负责挑选材料，有的负责在木板上画图，有的负责在工具区排队等待教师帮忙切割、打孔，有的负责打磨、黏合……，小组成员共同努力，为打造一个作品而凝聚智慧的力量（见图6-16、图6-17、图6-18、图6-19）。

图6-16　选择制作材料

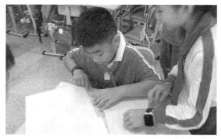

图6-17　在木板上绘制古筝面板

图6-18　用白乳胶将木板黏合

图6-19　用热熔胶黏合竹管

吉他小组：

尤克里里的琴弦太硬太滑了，不好打结，有没有办法把它固定下来？

不如把它一头缠绕在像风筝那样的"工"字结构上面，卡在洞口。

那怎样调节弦的松紧呢？

像刚才那样把弦另一头也绑在木条上，旋钮安装在音箱背面，通过旋转木条就可以调节松紧啦！

在制作过程中，教师要提醒学生将遇到的一些问题、困难或对原来方案的改进及时记录下来，养成收集过程性资料的习惯（见图6-20）。

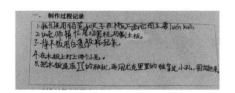

图6-20　吉他小组制作过程记录

另外，教师要根据学生的制作进度调整课时，鼓励学生在课后继续完成作品。

（3）中期工程进度汇报

小组展示半成品，并从工程进度和制作过程中遇到的问题及解决方法两个方面进行汇报。

（4）作品优化与调试

在实施方案的过程中不断改进作品是工程制作中很重要的一步。其中，音高的准确性是乐器在演奏歌曲中最重要的因素。因此，对乐器音高进行调试是很重要的优化方面。

教师教授使用手机中的调音软件对声音的高低进行测试，提醒学生根据测试结果进行调试。如图6-21中检测到的声音比标准音do低，需对乐器发声结构进行长短、松紧、粗细等方面的调整（见图6-21、图6-22）。

三、调试结果及优化方法				
音阶	乐器结构	使用"来调"app调试的结果（圈出调试结果）		优化方法
C	第 1 根弦/竹片	偏高　标准　（偏低）		琴码住右移
D	第 2 根弦/竹片	偏高　（标准）　偏低		
E	第 3 根弦/竹片	偏高　标准　（偏低）		琴码住右移
F	第 4 根弦/竹片	（偏高）　标准　偏低		琴码住左移
G	第 5 根弦/竹片	偏高　标准　（偏低）		琴码住右移
A	第 6 根弦/竹片	偏高　标准　（偏低）		琴码住右移

图6-21　古筝小组调试情况

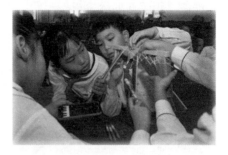

图 6-22　使用调音软件对乐器进行调试

教师还要提示学生对调试结果和乐器的结构变量（如长度、厚度等）建立数据关系并形成图表，以此有依据地调整乐器结构，建立数据意识（见图6-23）。

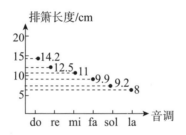

图 6-23　竹管长度和音调之间的关系

（5）课后任务：练习演奏《小星星》

教师再次提醒学生本项目的总驱动任务是用自制乐器演奏《小星星》，在课后要进行演奏练习。

4. 展示与反思环节

（1）师生共同制定评分标准

全班共同制定评分标准（见表6-2），引导学生针对乐器声音、乐器结构等多方面设置公平的测试方案和评分标准。

（2）小组演奏和全班合奏

由各组对自制乐器进行介绍和展示，然后用自制乐器演奏《小星星》，邀请其他小组和音乐教师根据评分标准对乐器和演奏效果进行评分。

（3）小组内总结学习经验，并向全班汇报

各个小组依次展示他们的所学所得，学生们在回顾学到的科学知识的同时，也对本次制作活动意犹未尽，有的小组想继续对作品进行改进和完善，有的小组想制作更多不一样类型的乐器（见图6-24）。

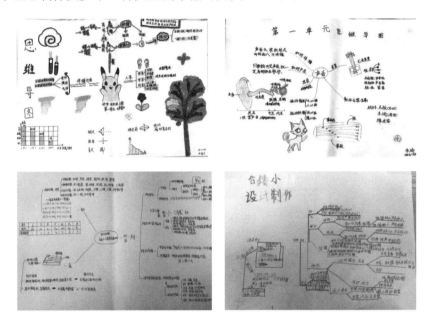

图6-24　课程思维导图[①]

我们小组制作了排箫，通过改变竹子的长短调整音调。在这一次课程中，我收获了许多知识，原来音乐和科学有这么大的联系，知道了排箫的发声原理是排箫里的空气产生振动发出声音，而不同的音调是由空气振动的快慢导致的。

（4）评比奖项称号，并完成知识点检测

（三）学生作品展示与点评

教师对学生作品进行点评，部分学生作品与教师点评如下（见图6-25、图6-26、图6-27、图6-28）。

---

① 图6-24中四幅导图的作者依次为张潇月、朱琦、陈钰洁、方正亨。

作品：迷你古筝
点评：该组通过移动琴码来改变音调，为了解决琴码易移动的问题，在琴码下方粘贴砂纸从而增大摩擦力。

图 6-25　迷你古筝

作品：吉他
点评：该组在解决琴弦较硬不易打结和形变的问题上，创新地利用"工"字形的结构作为卡扣，并通过旋转圈数改变琴弦的松紧。不足之处在于音调准确性较不稳定，建议通过不断调试找到音调的位置并做好标记。

图 6-26　吉他

作品：竹片琴
点评：该组为了解决竹片发声的质量问题用了很多方法，最后选择用棉线把竹片吊起来的方式减小竹片与其他物体的接触面，并用"8"字绕线法防止竹片旋转。

图 6-27　竹片琴

作品：排箫
点评：该组通过改变竹管的长度达到预期的音调，并在吹孔处打磨，以防割伤嘴唇，体现了该组成员科学、严谨、细致的态度。

图 6-28　排箫

（四）项目反思

1. 学生反思

我们的古筝还有需要改进的地方，比如弦的下面的小木头固定不住，我们弹奏的时候小木头就会掉，但是用胶水粘住就移动不了了。学习了"运动和力"的单元后，我们想到在小木头下面贴上砂纸，增大摩擦，就不容易移动了。

——张智威

我们组做的是竹片琴，灵感来自于我国古代的钟琴，极具中国传统特色。但是由于选取材料不同，竹片厚度不一，部分竹片表面凹凸不平，很难调音高。所以我们将竹片打磨到一样厚度，将凹凸不平处打磨好。我们组的同学有的擅长画图，有的擅长查找资料，有的擅长手工，大家一起努力解决问题，如果只有一个人是很难完成这个项目的。

——周子珊

2. 教师反思

其一，由于课程的开放性，我们允许学生有多角度的思考、多方法的实践，鼓励学生自主学习、探究与小组合作。因此，教师需要对学生的能力、素养非常了解，按照"组间同质，组内异质"分组，并有针对性地去引导、辅助个别小组，否则就会导致组间水平参差不齐，最后的活动效果差异很大，部分小组无法达到预期目标。

其二，学生在完成总驱动任务时，学习和掌握到了超出教材和课标规定的知识与技能，但同时也有课标规定的部分知识和技能没被涉及，如声音的传播与人耳结构。因此，在改进教学设计时，增加了以下几点：（1）头脑风暴"乐器所具备的条件"，从任务出发，提出待解决的问题，即对应课标，让学生有目标、有导向地进行探讨；（2）游戏，如在介绍民族乐器后，进行蒙眼猜乐器的游戏，引发学生对人耳是如何听到且判断声音的音色的思考与探究。

其三，有关乐器材料的选择。在实践中，有小组使用竹片作为主材料，按照改变长短、宽窄进行调音，结果发现竹片的厚度不可控，给调音带来很大的困难。所以对于学生的选材教师要进行初步筛选，寻找可代替的、稳定的材料，对学生的方案进行预判。

（五）附件

附件一：知识点检测
附件二：学生活动记录手册
附件三：基础声学知识
附件四：基础乐理知识——以儿歌《小星星变奏曲》为例

第二节　设计一种室内环境监测仪 [①]

《教育信息化"十三五"规划》指出："有条件的地区要积极探索信息技术在'众创空间'、跨学科学习（STEAM 教育）、创客教育等新的教育模式中的应用，着力提升学生的信息素养、创新意识和创新能力，养成数字化学习习惯，促进学生的全面发展，发挥信息化面向未来培养高素质人才的支撑引领作用。"东莞市松山湖实验中学地处国家级高新科技开发区——松山湖园区。学校在科技氛围浓郁、地理区域条件优越的前提下，积极探索有实效的跨学科学习案例。根据跨学科整合的内核要义，学科之间应当有机统一交融，而非机械生硬地叠加。由此，学校在原有校本课程"Mixly 创意智造"当中，撷取典

---

① 本案例由东莞市松山湖实验中学设计，指导教师为张清泉、赖鹏津。

型案例"制作室内环境监测仪"进行重构，横向上，从单一维度拓展为多元维度，由原本单纯关注造物编程演变为设计科学、技术、工程、数学、艺术等领域范畴的设计创作；纵向上，从原本关注结果转变成关注过程，涵盖造物前、造物中、造物后全过程，要求学生灵活运用多学科知识，并举一反三，深入拓展研究。

　　本课程基于STEAM教育理念开设，围绕项目式学习任务——设计制作一种室内环境监测仪（以下简称环境监测仪）来开展，结合任务驱动教学法、小组合作形式，将科学、技术、工程、艺术、数学等学科有机整合。本课程首先以学生的调查研究为引子，通过研究分析影响身边环境（室内）空气质量的因素和这些因素如何影响人们的健康；接着以设计制作一种室内环境监测仪作为输出成果，让学生在设计、探究、制作的过程中，学会涉及监测仪制作所需的各类传感器的原理与运用；最后，测试各种环境的空气质量，使学生从做中学，培养学生的团队合作能力和实际问题的解决能力。

一、课程设计方案

　　课程名称：设计制作一种室内环境监测仪。

　　适用年级：初中，小学高年级。

　　总课时：6课时。

　　涉及学科：信息技术、科学、生物学、物理、艺术。

（一）学情分析

　　生活环境的空气质量与人的身体健康息息相关，近些年，全球变暖的问题正在加速，世界各地的环境问题层出不穷，不仅危害自然生态系统的平衡，还威胁人类的食物供应和居住环境。将这样的结论性知识直接灌输给学生，他们只能囫囵吞枣地吸纳，做不到吸收与消化，最终会导致其知其然，不知其所以然。现阶段，学生尚未使用过科学的方法对"身边环境的质量"进行过系统的探究，在其元认知当中尚未构建起环境监测的系统知识框架。因此，基于社会责任与学生的认知水平，本项目致力于通过调查分析、设计制作等实践活动让学生得到真实的情境体验，并在此过程中获得知识——了解我们每天呼吸的空气是否被污染、哪些物质会影响空气质量、如何测量空气质量等问题，让学生对人类面临的真实问题有"切肤之痛"，培养学生爱护环境、可持续发展的思想观念。

（二）课程简介

1. 课程背景

环境问题与人类息息相关，祸福相依。近期巴西科学家在南极测得20.75℃的新高温纪录，这是有记录以来南极高温首次超过20℃。这说明全球变暖正在加剧，人类居住环境在不断恶劣。伴随着环境污染和能源危机的日益严峻，人类对环境问题的重视程度也在日益提高。除了着眼于室外环境，其实我们的室内环境也不容忽视。研究发现，人的一生有大约四分之三的时间在室内活动，室内环境空气的质量严重影响我们的生产生活，因此室内环境监测是一项需要高度重视的事情。本课程的驱动任务就是设计制作一种监测室内环境空气质量的装置，用于监测不同室内环境的空气质量，用以帮助学生学习空气质量的相关知识和探求影响空气质量的室内室外问题来源和解决办法，同时使学生认识到"绿水青山就是金山银山"，人与自然是生命共同体，人类必须尊重自然、顺应自然、保护自然。

2. 课程设计思路

本课程基于STEAM教育理念，结合生活实际确立了"设计制作一种室内环境监测仪"的目标任务，以项目化学习的形式，将科学、技术、工程、艺术、数学等学科有机整合，使学生经历实验探究、合作学习的过程，培养学生的团队合作能力和解决实际问题的能力（见图6-29）。

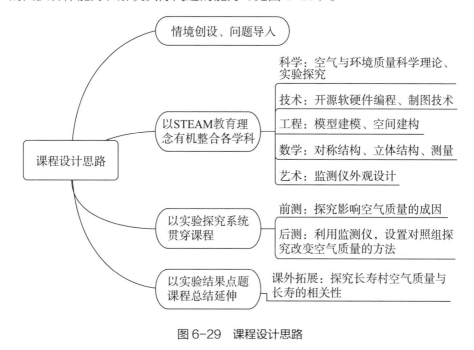

图6-29　课程设计思路

（三）课程资源分析

本课程所用开源软件容易获取，可以在网络上下载到相关资源，如 Blynk、Mixly 等；开源硬件资源（Arduino 主控器，检测 TVOC、CO_2、$PM_{2.5}$、温湿度、气体浓度、气压等的传感器）、创客加工工具由学校提供。

本课程由学生小组合作开展设计制作，学生为主体，教师为主导。每节课前，信息技术、科学、生物学、物理、艺术等学科教师应当共同研讨教案，进行思维碰撞，挖掘本课程中的学科知识重难点，安排课程时间。

（四）课程目标

本课程整体目标是以STEAM教育理念作为依托,递进式地完成学科知识、学科技能的掌握，最终达到进阶的关键能力的提升（见图6-30）。

图 6-30　本课程整体目标金字塔

各部分目标具体如下。

1.学科知识

（1）单一学科知识

知道空气是一种常见而重要的混合物质，了解影响空气质量的因素以及空气质量对于人类健康的影响。（科学）

通过绘制图表或文字叙述等解释环境监测仪的功能及工作原理。（技术）

通过选择合适的方式进行数据记录来认识不同形式的统计图表。（数学）

（2）跨学科知识

通过环境监测系统设计理解系统与系统模型的概念，能够使用图示或文字等说明这一系统模型的内部运行方式。

通过对自然系统内各要素在时间线上的监测理解系统的稳定与变化。

理解环境监测仪结构与功能之间的关系，可以对其原因进行分析说明。

2.学科技能

（1）科学探究与发现

能够对环境中温度、湿度变化的原因提出可探究的科学问题。

能够以调查报告的形式记录监测室内环境的过程，做好数据分析并提出结论。

能对环境监测的过程进行总结和反思，完善探究报告。

（2）工程设计与制作

能够依据环境监测仪的功能进行装置结构设计，可以通过文字、绘图或模型对装置外观与结构进行表达。

能够将对于环境监测仪的设计转化为实物。

能够简单分析和评估不同方案的可行性，并分析可以利用的材料与工具。

（3）数学建模与计算

能够识别环境监测过程中的重要数据，分析变化趋势与原因。

掌握对称结构、立体结构等几何结构的运用。

（4）技术实践与应用

了解正确、安全地使用手工工具的方法，能够在搭建过程中进行简单的诊断、安装、调节和修理。

3. 关键能力

（1）认知能力

在学习过程中能够对环境监测仪进行技术性和说明性的文档编写，提升自己的语言表达能力。

（2）合作能力

能够分组进行环境监测仪的设计与搭建，解决中途出现的问题，具备合作精神和能力。

能够在小组内部表达自己的观点和看法，并进行方案的分享和展示。

（3）创新能力

能够在设计和搭建的过程中发明新的产品及结构形式。

4. 态度责任

（1）好奇

能够以好奇心驱动探索欲望，在整个环境监测任务中保持高昂的热忱与激情。

（2）批判性思维

坚持求同存异的原则，能够多维度地看待事物，并有多元化的想法。在环境监测中，根据数据结论大胆提出自己的猜测、见解与方案。

（3）求真

注重为学以真，针对不同场景能够实事求是地测量数据，真实记录，并基于实验事实思考得出结论。

（4）社会责任

在开展研究过程中，能够明确自己的职责，并能按质按量地完成自己的任务。

（五）学习主题/活动安排

1. 教学活动安排

教学活动安排见图6-31。

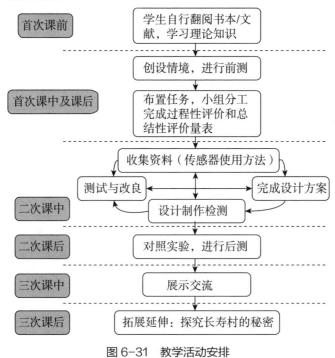

图6-31　教学活动安排

2.教学活动划分

教学活动划分见图 6-32。

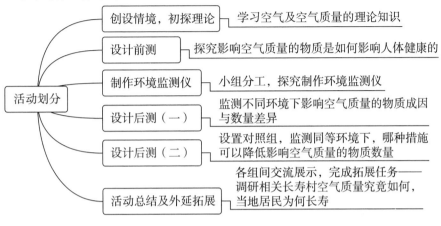

图 6-32　教学活动划分

3.内容安排

具体活动安排见表 6-5。

表 6-5　具体活动安排表

单元主题	课程内容	课程实施	课时
第一单元：探究影响室内空气质量的因素	1.微课："大气污染与环境质量"，从中了解： （1）影响空气质量的物质有哪些？ （2）它们是否影响人体健康，怎么影响？ （3）室内空气质量的国家标准。 2.头脑风暴（1）：我们怎么了解身边／室内的环境质量？	创设情境，初探理论。 学生通过微课学习空气与空气质量等理论知识，其目的是通过翻转课堂让学生有一定的环境与空气质量的概念认知。 随后，课上以头脑风暴的方式，让学生思考如何了解身边／室内的环境质量，引出本课程的初级目标是完成设计制作一种环境监测仪。 其后，与教师共同探究空气质量好与坏对人体的影响，以及空气质量、环境与人类三者的相关性，目的是解放学生思维，让学生敢想敢猜，为	1

续表

单元主题	课程内容	课程实施	课时
第一单元：探究影响室内空气质量的因素	3. 小组活动：利用教具、网络资源和资料袋进行环境质量知识方面的自学。 4. 头脑风暴（2）：我们当前的环境质量整体如何？	后面的实验探究奠定思想基础，同时引出本课程的最终目标是通过这台环境监测仪来实现变量控制，对照实验，解决一定程度上的环境问题，增进对环境中各个变量的了解。最后，再次以头脑风暴的形式，启发学生对环境问题的整体思考。	
第二单元：设计制作一种室内环境监测仪	1. 头脑风暴：选择影响室内空气质量的几个因素（如气体浓度、PM$_{2.5}$、TVOC、CO$_2$、甲醛、温湿度、气压等），构思设计制作一个怎样的室内环境监测仪。 2. 根据刚刚得出的结论，选择合适的硬件设计制作一种室内环境监测仪（查找相关传感器的使用方法）	小组分工，合作学习。 学生分成小组，组内再二次分工，形成任务明朗的角色定位，选择合适硬件进行环境监测仪的制作。在此过程中，学生将会分成不同小组，并在教师的指导下，开展头脑风暴，围绕核心问题"影响空气质量的因素"展开讨论，得出设计方案，并付诸实践。小组根据教师提供的项目学习任务单，合作完成室内环境监测仪的制作并完成项目学习任务单的记录。	2
第三单元：监测不同室内环境空气质量	检测不同室内环境，并找出影响空气质量的原因和寻求一种解决的办法。 检测不同室内环境的空气质量，如在公路旁的建筑物内、在工业区建筑物内、公园内的建筑屋内、绿水青山的建筑物内、在教室的空气质量。对比探求影响空气质量的原因，如有无植物光合作用下，室内空气质量的对比。	设计后测，学以致用。 各小组利用自己设计开发的环境监测仪，对不同场所进行空气质量抽检，本环节的目的是与前面所完成的前测形成对比，在前测中，学生对环境问题的诱因的判断只是通过现成书籍的理论论述而作出的合理性推断。现在学生已经设计完成环境监测仪，具有了环境检测的重要工具，可以实地检测，实事求是地了解实情。	2

单元主题	课程内容	课程实施	课时
第三单元：监测不同室内环境空气质量		各小组进一步设置实验对照组，利用自己开发的环境监测仪，探究在同等环境下，哪种措施可以改善空气质量，目的在于启发思维，从做中学。通过对照实验，学生能够从实践中认识到真正改变环境的诱因，以及利用已有的各学科知识控制诱因的办法。	
第四单元：项目小结	1. 交流展示。 2. 理解绿水青山就是金山银山的意义。 3. 调研长寿村空气质量究竟如何，当地居民为何长寿。	各组针对自己的监测仪以及实验所得报告，进行组与组之间的交流展示，其目的是锻炼胆量与口才。 课后，学有余力的同学进行拓展研究——长寿村空气质量与长寿的相关性调查。因为学习不应只是短暂地停留在课堂，而应当学以致用。学生能够将自己设计制作的环境监测仪使用起来进行科学性调研探究，这正是 STEAM 教育的内核所在。	1

点评：课程以学生通过调查研究分析影响身边室内环境空气质量的因素和这些因素如何影响人们的健康的主题导入，随后紧密围绕课程核心——设计制作一种室内环境监测仪来设计开展课程，充分发挥了目标的导向性。在完成制作后，再次设计鼓励学生利用所得测量分析新的环境，层层相扣，前后呼应。课程结构层次分明，符合学生的学习规律。

（六）评价活动 / 成绩评定

评价方式需要体现过程性评价与总结性评价的结合，积极使用基于学生在学习过程和结果中的行为表现、成果表现的表现性评价。

1. 评价方式

本课程的评价注重主体性、过程性、多元性和发展性，在实施过程中，采用学生自评、小组评价、教师评价相结合的形式，评价和了解学生的学习状态和效果。

2. 评价依据

从跨学科知识应用、活动过程、项目作品三方面进行评价。

相关知识评价要点如下：科学知识（空气与空气质量知识）、工程技术（设计建模与造物技术）、论证能力（设计实验与猜想论证）、团队素养（小组合作与沟通协商）。

过程中的表现评价要点见表6-6、表6-7。

表6-6　学习过程自我评价表

请结合自己的表现，在下列各项中选择适合表现的等级并完成问题的回答。表现等级分 ☺ 😐 ☹ 三档，☺ 代表优秀，😐 代表一般，☹ 代表需要加油。

姓名：　　　小组名：　　　　　　　　　　班级：

评价序号	评价内容	评价等级
1	我可以自然且清晰地介绍我们的项目。	☺ 😐 ☹
2	在演示的时候我可以自信地面对摄像头。	☺ 😐 ☹
3	我可以按时完成任务。	☺ 😐 ☹
4	我能听取队友的想法。	☺ 😐 ☹
5	我可以与团队分享我的想法。	☺ 😐 ☹
6	我尊重队友。	☺ 😐 ☹
7	我可以解释我们探究的项目。	☺ 😐 ☹
8	我可以从不同途径获取相应的知识和信息。	☺ 😐 ☹

评价序号	评价内容	评价等级
	你觉得这次 STEM 项目活动是否成功？为什么？	
	你在这次活动中为团队作出了什么贡献？	
	如果你再次参与 STEM 项目活动，你会在哪些方面改进？	

表 6-7　学习过程小组评价表

在下列各项中选择适合表现的等级，表现等级分 ☺ 😐 ☹ 三档，☺ 代表优秀，😐 代表一般，☹ 代表需加油（由小组集体评价）。

组别：　　记录：　　　　　　　　　　　　周次：

日期：

姓名	文献分析	创意设计	创造创新	团队协作	展示交流
同学 A	☺ 😐 ☹	☺ 😐 ☹	☺ 😐 ☹	☺ 😐 ☹	☺ 😐 ☹
同学 B	☺ 😐 ☹	☺ 😐 ☹	☺ 😐 ☹	☺ 😐 ☹	☺ 😐 ☹
同学 C	☺ 😐 ☹	☺ 😐 ☹	☺ 😐 ☹	☺ 😐 ☹	☺ 😐 ☹
同学 D	☺ 😐 ☹	☺ 😐 ☹	☺ 😐 ☹	☺ 😐 ☹	☺ 😐 ☹
同学 E	☺ 😐 ☹	☺ 😐 ☹	☺ 😐 ☹	☺ 😐 ☹	☺ 😐 ☹
同学 F	☺ 😐 ☹	☺ 😐 ☹	☺ 😐 ☹	☺ 😐 ☹	☺ 😐 ☹

作品评价要点见表 6-8。

表 6-8　教师评价表

此表打印后贴于项目任务手册首页，由教师标注出每阶段需达到的目标，根据学生完成情况在"评价等级"栏中奖励"OK"与"奖杯"两种贴纸。"OK"代表完成，"奖杯"代表优秀。

评价内容	评价等级
1.	
2.	
3.	
4.	
5.	
6.	
7.	

注：评价时，要强调学生参与活动时的创意设计与创新创造的思维能力、团队协作能力、积极表达展示能力的正面评价，以激发学生参与课程的积极性和热情。

点评：项目式学习强调以项目形式开展，因此在实施过程当中，除了关注学生的最终结果，即结果性评价，还要关注过程性评价，即关注学生动手实践的过程，关注学生思辨的过程，这是新教育的最大侧重点。上述评价中，教师除了关注最终的作品——环境监测仪的制作与应用，还关注了学生的内核的发展——动手实践能力、思辨能力、人际交往能力，关注面广，着重点多，能真正全面、有效地评价学生。

二、项目实施案例

（一）项目概况

生活环境中的空气质量与人的身体健康息息相关，近些年，全球变暖的问题正在加速，世界各地的环境问题也层出不穷，不仅危害自然生态系统的平衡，还威胁人类的食物供应和居住环境。绿水青山就是金山银山，为了了解我们每天呼吸的空气是否被污染、哪些物质会影响空气质量、如何测量空气质量等问题，让学生对人类面临的真实问题有"切肤之痛"，培养学生爱护环境、可持续发展的思想观念，本项目通过调查分析、设计制作等实践活动，让学生得到真实的情境体验，并在此过程中获得知识，培养小组合作精神，积累项目开展经验。

本项目首先让学生通过调查研究分析影响身边环境室内空气质量的因素，了解这些因素如何影响人们的健康，接着以设计制作一种室内环境监测仪为目标，让学生在设计、探究、制作的过程中，学会涉及室内环境监测仪制作的各类传感器的原理与运用，最后测试各种环境的空气质量，加深学生保护环境的意识。

（二）项目实施过程

1. 调查与探究

在设计制作环境监测仪之前，学生需通过文献阅读、视频观看、走访调查、头脑风暴等方式对空气质量、环境变化等方面的理论和知识有更加深入的了解，从而对"设计制作环境监测仪"主题的学习产生兴趣。在本环节中，教师引导学生分小组学习、探究和调查影响空气质量的因素、如何测量空气质量等内容，并认真记录，在课堂上分享学习收获（见表6-9）。

表 6-9　调查与探究

阅读	(1) 环境质量知识：如温度、湿度、气体浓度、$PM_{2.5}$、雾霾等。 (2) 有关空气质量与人类健康主题的相关书籍。 思考以下问题： (1) 影响空气质量的物质有哪些？ (2) 它们是否影响人体健康，怎么影响？
视频	(1) 各种介绍环境质量知识的视频。 (2)《人与自然》系列纪录片。 (3)《穹顶之下》纪录片。 思考以下问题： (1) 室内空气质量的国家标准是什么？ (2) 目前，我们的城市室内空气质量是否符合标准？
走访调查	到附近相关研究所走访技术人员，采访了解更多关于空气质量监测的相关知识，为更好地设计制作环境监测仪奠定知识基础。

点评：走访调查、文献阅读、头脑风暴等方法是初中生摆脱常规课堂模式的有效办法，也是启发学生创新思维的重要途径。本课程前期，教师放手让学生通过多种方式建构起对环境空气质量的认知，能在最大程度上调动学生的积极性，同时强化他们的环保意识和社会责任感。

2. 设计与制作

（1）组建学生团队

本项目项目式学习的形式开展，其基本要素就是以小组合作的方式进行学习，所以组建一个合适的团队是开启学习的首要任务。根据项目学习需要开展的相关活动，在教师的指导下，每个小组要进行合理的分工（见表 6-10）。

表6-10 小组成员分工表

项目名称：   小组成员：

分工内容	任务	负责人
器材组	负责准备制作作品的传感器等硬件材料	
编程组	负责程序编写及调试	
外观组	负责作品外观图绘制、激光切割及作品组装等工作	
记录组	负责作品制作过程中的数据记录及过程资料整理等工作	
汇报组	负责最后小组汇报的工作	

（2）设计项目报告模板，引导学生自主探究

围绕"设计制作一种室内环境监测仪"主题，学生以小组为单位，以合作为原则，开展一系列制作与研究过程——准备器材、传感器相关知识的学习储备、硬件编程测试、硬件连接、程序编写与测试、外观设计与制作等。为了让每个小组的学习过程更加规范和可视化，教师设计"项目学习报告"模板（见表6-11）供所有小组使用，并提供了相应的导学任务单，小组只需要根据模板及导学任务单实施他们的项目计划即可（见图6-33）。

表6-11 "项目学习报告"模板

一、基本信息

小组名称：_____

组长姓名：_____

小组成员：_____

课题名称：_____

二、任务分工

项目	任务	负责人
器材组	负责准备制作作品的传感器等硬件材料	
编程组	负责程序编写及调试	
外观组	负责作品外观图绘制、激光切割及作品组装等工作	
记录组	负责作品制作过程中的数据记录及过程资料整理等工作	
汇报组	负责最后小组汇报的工作	

三、作品设计图

四、制作过程记录

（一）器材及资源准备

器材	数量	用途

（二）程序设计流程图	（三）硬件连接图

（四）主要步骤记录	（五）作品成品图

五、学习过程自我评价表

请结合自己的表现，在下列各项中选择适合表现的等级并完成问题的回答。表现等级分 ☺ ☻ ☹ 三档，☺ 代表优秀，☻ 代表一般，☹ 代表需要加油。

姓名：　　　　　　　绘本名：　　　　　　　班级：

评价序号	评价内容	评价等级
1	我可以自然且清晰地介绍我们的项目。	☺ ☻ ☹
2	在演示的时候我可以自信地面对摄像头。	☺ ☻ ☹
3	我可以按时完成任务。	☺ ☻ ☹
4	我能听取队友的想法。	☺ ☻ ☹
5	我可以与团队分享我的想法。	☺ ☻ ☹
6	我尊重队友。	☺ ☻ ☹
7	我可以解释我们探究的项目。	☺ ☻ ☹
8	我可以从不同途径获取相应的知识和信息。	☺ ☻ ☹

六、学习过程小组评价表

在下列各项中选择适合表现的等级，表现等级分 ☺ ☻ ☹ 三档，☺ 代表优秀，☻ 代表一般，☹ 代表需加油（由小组集体评价）。

组别：　　　记录：　　　　　　　周次：
　　　　　　　　　　　　　　　　日期：

姓名	文献分析	创意设计	创造创新	团队协作	展示交流
同学 A	☺ ☻ ☹	☺ ☻ ☹	☺ ☻ ☹	☺ ☻ ☹	☺ ☻ ☹
同学 B	☺ ☻ ☹	☺ ☻ ☹	☺ ☻ ☹	☺ ☻ ☹	☺ ☻ ☹
同学 C	☺ ☻ ☹	☺ ☻ ☹	☺ ☻ ☹	☺ ☻ ☹	☺ ☻ ☹
同学 D	☺ ☻ ☹	☺ ☻ ☹	☺ ☻ ☹	☺ ☻ ☹	☺ ☻ ☹

姓名	文献分析	创意设计	创造创新	团队协作	展示交流
同学 E	☺ 😐 ☹	☺ 😐 ☹	☺ 😐 ☹	☺ 😐 ☹	☺ 😐 ☹
同学 F	☺ 😐 ☹	☺ 😐 ☹	☺ 😐 ☹	☺ 😐 ☹	☺ 😐 ☹

点评：小组合作模式是项目式学习课程开展的一大助力，学生只有在团队中找准定位与方向，学习才不会成为无源之水。在本环节中，学生找准角色定位，美工组针对作品进行构想，器材组寻找合适的硬件……，群策群力又各司其职。

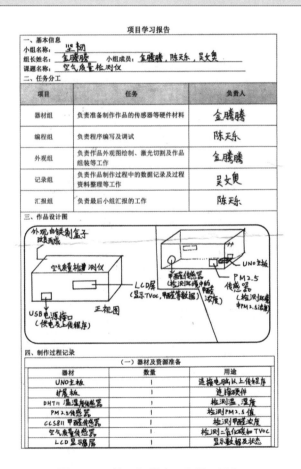

图 6-33　第一组学生项目学习报告

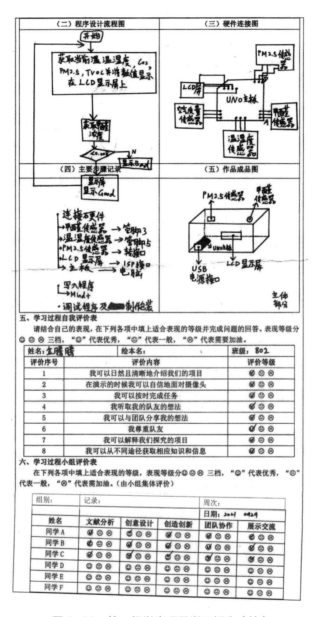

（二）程序设计流程图

（三）硬件连接图

（四）主要步骤记录

（五）作品成品图

五、学习过程自我评价表

请结合自己的表现，在下列各项中填上适合表现的等级并完成问题的回答，表现等级分 ☺ ☺ ☺ 三档，"☺"代表优秀，"☺"代表一般，"☺"代表需要加油。

姓名：金腾腾	绘本名：	班级： 802
评价序号	评价内容	评价等级
1	我可以自然且清晰地介绍我们的项目	☺ ☺ ☺
2	在演示的时候我可以自信地面对摄像头	☺ ☺ ☺
3	我可以按时完成任务	☺ ☺ ☺
4	我听取我的队友的想法	☺ ☺ ☺
5	我可以与团队分享我的想法	☺ ☺ ☺
6	我尊重队友	☺ ☺ ☺
7	我可以解释我们探究的项目	☺ ☺ ☺
8	我可以从不同途径获取相应知识和信息	☺ ☺ ☺

六、学习过程小组评价表

在下列各项中填上适合表现的等级，表现等级分 ☺ ☺ ☺ 三档，"☺"代表优秀，"☺"代表一般，"☺"代表需加油。（由小组集体评价）

组别：	记录：			周次：	
				日期：2021 0429	
姓名	文献分析	创意设计	创造创新	团队协作	展示交流
同学 A	☺ ☺ ☺	☺ ☺ ☺	☺ ☺ ☺	☺ ☺ ☺	☺ ☺ ☺
同学 B	☺ ☺ ☺	☺ ☺ ☺	☺ ☺ ☺	☺ ☺ ☺	☺ ☺ ☺
同学 C	☺ ☺ ☺	☺ ☺ ☺	☺ ☺ ☺	☺ ☺ ☺	☺ ☺ ☺
同学 D	☺ ☺ ☺	☺ ☺ ☺	☺ ☺ ☺	☺ ☺ ☺	☺ ☺ ☺
同学 E	☺ ☺ ☺	☺ ☺ ☺	☺ ☺ ☺	☺ ☺ ☺	☺ ☺ ☺
同学 F	☺ ☺ ☺	☺ ☺ ☺	☺ ☺ ☺	☺ ☺ ☺	☺ ☺ ☺

图 6-33　第一组学生项目学习报告（续）

（3）软件流程设计

在各硬件测试结束之后，学生需要根据"环境监测仪"的功能进行程序流程图的设计，方便后面程序的编写及功能的实现（见图 6-34）。

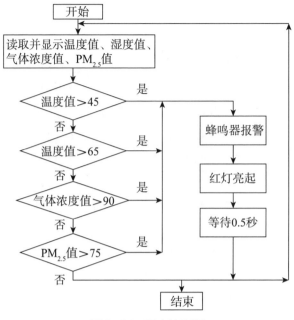

图 6-34　程序流程图

（4）连接硬件设备

在编写程序之前，学生需要将各种传感器连接到主控板上；这个过程需要进行实时记录及观察，避免出错，同时对于传感器知识进行进一步的学习应用（见图 6-35）。

图 6-35　传感器硬件连接图

（5）编程测试

根据程序设计流程图使用 Mixly 软件，编程实现环境监测仪的相关功能，在这个过程中，学生最好循序渐进完成各个功能程序的编写，这样才能在过程中及时发现问题并做好记录。

（6）工程制作

① 测量传感器尺寸并填写表 6-12。

表 6-12　传感器尺寸测量表

序号	名称	长 × 宽 × 高（cm），直径	是否需要外露等
1	UNO R3UNO 主控板（扩展板）		
2	OLED 显示屏		
3	蜂鸣器		
4	红色 LED 灯		
5	PM$_{2.5}$ 激光粉尘传感器		
6	烟雾浓度传感器		
7	温湿度传感器		
……	……		

② 制图和布局。

制图是为了适配各个主要硬件固定所在的位置而去制作的外观结构图。根据所有硬件的尺寸和放置位置，估算出产品的大概长宽高，可以根据上表测量的硬件尺寸值用纸笔画出其大致外观。本项目使用的是一款激光切割机连接的画图工具，制图软件很多，学生们可以根据自己的喜好，选择喜欢的制图方式，并根据各传感器位置进行合理镂空（见图 6-36）。

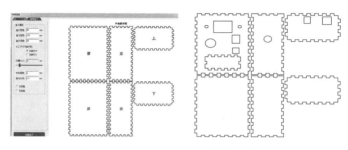

图 6-36　LaserMaker 激光切割制图

③ 选取合适材料制作外观。

根据学校设备情况，本项目选择激光切割机切割作品外观。在学生使用过程中，教师首先要对学生进行指导，同时，要全程跟踪过程，避免出现安全事故。当然，有条件的学生，也可以采用不同的材料，如采用铁、纸、塑料等性质的材料来制作风格不一的外观（见图 6-37、图 6-38）。

图 6-37　激光切割木板

图 6-38　学生在教师指导下切割作品外观

④ 拼接作品外观。

拼接成型，适应测试（见图 6-39）。逐个放入硬件，看尺寸是否合适，若不合适，需要调整激光切割的各个参数，或用其他工具稍微修整一下外观结构。

图 6-39　拼接模型图

⑤ 固定硬件，使产品成型。

逐个固定硬件，可以采用上螺丝的方式，也可采用热熔胶固定的方式，要方便拆卸（见图 6-40）。使用工具需注意安全。

图 6-40　风格迥异的环境监测仪（木制品、铁制品、亚克力制品）

点评：学生在经历了第一阶段"走访调查"及第二阶段"设计创作"后，通过理论学习（软硬件知识学习）和动手实践（激光切割和拼接作品），终于在这一阶段里实现了造物，制作了铁制的、木制的、亚克力制的风格迥异的环境监测仪，实现了真正的学以致用。

3. 测试与优化

（1）作品完成后，小组将作品置于不同环境中对环境质量进行检测，如在公路旁的建筑物内、工业区的建筑物内、公园的建筑物内、教室内、森林中等，根据表6-13中的空气质量记录对比不同环境中的空气质量（见图6-41、图6-42）。

表6-13　不同环境下空气质量记录表

环境	气体浓度	温度	湿度	PM$_{2.5}$浓度
公路旁的建筑物内				
工业区的建筑物内				
公园的建筑物内				
教室内				
森林中				
其他				

图6-41　学生在不同环境中测量数据

环境	气体浓度	温度	湿度	PM2.5浓度
公路旁	90	33	75	54
工业区	96	34	74	72
公园	49	34	85	51
教室	35	33	72	48
森林	35	32	94	47

环境	气体浓度	温度	湿度	PM2.5浓度
公路旁	90	33	76	54
工业区	94	33	74	54
公园	45	33	78	54
教室	30	33	74	54
森林	30	33	79	54

图 6-42　部分学生测量数据

点评：通过数据对比，学生不难发现，不同的环境中，室内环境空气质量不尽相同。尤其在气体浓度一列，学生发现公路旁及工业区的室内空气质量明显较差。

（2）可以在学校选择两间教室进行测试，一间教室置有各种绿色植物，一间无任何绿色植物，进行为期一周的环境质量监测，进行数据记录及分析对比（见图 6-43）。

时间	气体浓度	温度	湿度	PM2.5浓度
第1天	44/40/40	33/33	75/25	49/49
第2天	45/45/31	31/33/31	74	48
第3天	42/39	33/32	70/70	51/49
第4天	47/39	32/32	71/65	50/49
第5天	46/38	30/30	72/65	51/48
第6天	45/38	32/32	73/65	52/49
第7天	41/40	30/30	70/63	53/50

时间	气体浓度	温度	湿度	PM2.5浓度
第1天	41/41	33/33	76/76	48/48
第2天	42/39	32/32	70/68	51/49
第3天	44/38	33/32	71/65	50/49
第4天	43/40	32/32	70/65	51/49
第5天	45/40	33/31	72/63	52/49
第6天	46/41	34/31	73/65	53/50
第7天	47/40	33/32	70/63	52/48

时间	气体浓度	温度	湿度	PM2.5浓度
第1天	40/40	33/33	74/74	50/50
第2天	45/39	32/32	70/68	51/49
第3天	43/29	33/32	71/65	50/49
第4天	42/38	32/32	70/65	51/48
第5天	47/40	33/31	72/63	52/49
第6天	46/40	34/31	73/65	53/50
第7天	45/38	33/32	70/63	52/48

图 6-43　部分学生测量数据

（3）优化作品

在测试的过程中，小组成员不断发现问题，根据问题对作品进行优化和改良，例如更换主控板使作品具有无线网络功能，从而能够远程实时监控环境质量的变化等（见图6-44）。

图6-44　优化作品

4.交流与展示

展示是项目式学习中最重要的组成部分之一，各小组需要向教师及其他同学展示自己的作品、分工、作品的制作过程及学习收获等，学生通过PPT、视频、讲解、路演等丰富的形式进行展示交流。整个环节分为"研究陈述—问题答辩—小组评价—自评—教师评价"五个部分。

（三）学生作品展示与点评

学生作品展示结束后，需要进行学生自评、小组评价和教师评价，学生自评和小组评价使用教师提供的项目学习报告进行，教师提前制定好相应的评价量表。量表包含了学生学习的目标，也是评价的标准。由于本项目采用基于STEM的项目式学习方式进行，因此对学习效果的评价应该是全方位的，包括对知识技能的评价以及对核心素养的评价。评价内容不仅要关注学生知识技能的掌握，更要注重学生在学习活动中的种种表现，如在小组合作中的参与和解决问题的态度等，以此来激发学生的学习积极性和主动性。评价量表的目的是促进学生"真实"地学习，因此制定的量表要简明扼要、合理有效、易操作（见表6-14）。

表6-14 评价量表

评价指标	评价内容		评价标准	评分
跨学科学习能力	科学	1. 理解温湿度传感器、气体浓度传感器、$PM_{2.5}$检测仪、OLED屏的知识，并利用这些设备； 2. 理解各种环境质量参数。	10分	
	技术	1. 会使用 Mixly 编程实现环境监测仪的功能； 2. 利用网络等信息技术手段搜集资料。	10分	
	工程	能够使用 Mixly 软件及各种传感器应用、激光切割技术等设计制作环境监测仪。	20分	
	人文艺术	具备科学探究的精神，学会绘制作品设计图。	10分	
	数学	能够在作品制作过程中进行数据记录，会利用折线图等统计图进行数据分析。	10分	
情感、态度与价值观	对项目有浓厚兴趣，学习态度认真，积极参与到小组合作分工中并完成任务。		15分	
解决问题的能力	主动发现问题，积极思考，能够利用网络等技术寻找有效的解决问题的办法。		10分	
成果与成效	认真完成研究方案及作品制作，能够利用合理的方式进行成果汇报和分享。		15分	
总评				

（四）项目反思

1. 学生反思

学生 1：我们在老师的指导下通过一个个问题探索、动手实践和解决问题，不但获得了知识和技能，也学会了解决问题的思路和方法，了解了创客发明的方法。我觉得我们制作的作品还有很多可以改进的地方，比如加入人工智能模块、物联网模块等。

学生 2：我们组的同学，有的擅长电脑绘图，有的擅长资料搜集，有的擅长编程，有的擅长写作，大家团结在一起努力解决问题，如果只有我一人是很难完成的。我们制作的是一种环境监测仪，未来期望能和一些工厂合作，让它在外观造型和性能上都能有所升级和改进，真正变成家用产品。

2. 教师反思

在学科专业方面，这次项目式学习可以说是教师和学生们一起学习进步的过程。教师结合自己的所教学科去思考项目式学习，拓宽自己的学科专业视野，汲取不同方面的学科知识，这些对教育教学维度的思考，都能助力提高教师的专业水平。这种研究的能力对于教师来说是必要的，也是需要不断进步的。

在教学方法方面，真正贯彻以学生为中心的教育理念，教师转变传统"一言堂"的教学模式，让学生作为课堂教学的主体，使学生参与到教与学的过程中，能最大限度地发挥学生的能动性和创造性，有利于学生真正理解和掌握知识，培养多方面的能力，而教师也能更关注学生的学习过程，更好地进行相对应的指导。

在能力素养培养方面，在项目式学习的过程中，学生们整体的学习能力、语言表达能力、沟通能力与合作探究的能力都得到一定程度的提升。整个项目过程中小组学生主动查阅资料、组内分工合作、撰写研究报告等这一系列的探究过程，对他们来说是非常好的学习机会，也是提升各方面能力的最佳契机。

在创新思维培养方面，开展基于 STEM 的项目式学习，能培养学生的创新思维，让他们能从不同角度看待问题、思考问题。从学生们最后的汇报内容来看，他们的想法总能让人眼前一亮，创造力无限，这让我们确信提供这样的舞台是值得的。

（五）附件

附件一：项目学习报告
附件二：学习指引
附件三：学习课件
附件四：微课资源
附件五：教学设计
附件六：过程性材料及其他附录材料

第三节　智能种植——以设计与搭建铁皮石斛生境智能监控系统为例 [①]

随着物联网和人工智能技术的发展，人们的生产和生活方式发生了巨大的变化。人们在相对可控的环境条件下，采用工业化生产方式，以高度的技术规范实现集约高效、可持续发展的现代化智能农业，成为未来农业的发展趋势。本项目旨在通过研究植物种植生境，搭建智能化控制系统，从而实现自动化精准控制，探究家庭智能种植铁皮石斛的可行性。

---

① 本案例由深圳市高级中学设计，指导教师为余丽。

一、课程设计方案

课程名称：智能种植——以设计与搭建铁皮石斛生境智能监控系统为例。

适用年级：高中一年级。

总课时：10课时。

涉及学科：生物学、数学、工程、信息技术。

（一）课程简介

1. 课程背景

在学校开展的智慧农业实践活动中，有学生在观察中发现许多家庭喜欢种铁皮石斛，因为铁皮石斛的花具备较高的观赏性，在中医药学中其茎还具备非常高的医疗功效，能带来一定的经济收益。有很多种植铁皮石斛的家庭不会养护，或疏于管理，植物长势不佳，于是有学生提出了"能否在家庭中用物联网精细化管理植物"这个问题，初步聚焦了"家庭智能种植铁皮石斛"这个项目。

2. 驱动问题与课程设计思路

（1）驱动问题

围绕智能种植、铁皮石斛、生境等核心概念进行拓展与分解，结合各学科提出如下具体问题。

生物学：如何选择种植基质？如何智能化调节环境温度、空气湿度、通风效果、光照强弱及养分等因素？如何繁殖？如何记录生长情况？如何制作植物生长曲线？如何尽可能创造出适宜其生长的仿野外生长环境？铁皮石斛的多糖含量随着年份的增加会出现什么样的变化？

数学：如何建构工程系统结构模型？如何对比实验中的数据进行分析？如

何确定其适宜的生长条件？搭建铁皮石斛种植区成本约多少？

技术：如何应用铁皮石斛种植技术、图形化编程、无人滴灌技术、超声波雾化技术解决问题？

工程：如何搭建与优化无人滴灌系统、超声波雾化系统、彩色人工补光系统、遮光系统？

（2）课程设计思路

本课程围绕总驱动任务——设计铁皮石斛智能生境，有机融合STEM学科知识技能，展开项目式学习，在解决真实问题中培养学生综合素养（见图6-45）。

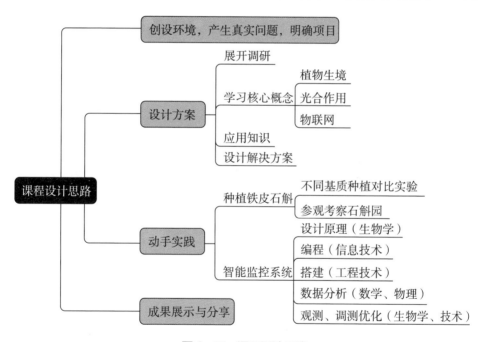

图6-45　课程设计思路

（二）课程资源分析

本课程中教师可组织学生考察石斛种植园，采访农科生物学专家，需在学校确定种植空间。实验材料由学校提供，个别小组成员在家庭种植铁皮石斛，这部分学生需自行购买相关材料。主要材料有：铁皮石斛种植苗、松树皮、杉树板、水苔、开源硬件 MovaJoin 控制板。本课程可融入在校本特色课程、劳动课程或综合实践活动课程中实施。

（三）课程目标

1.学科知识

小组成员通过查阅相关文献了解铁皮石斛生境，以及铁皮石斛的食用及药用价值；学习并运用生物科学深入探索适宜铁皮石斛生长的环境要求。（科学）

学习无人滴灌系统、超声波雾化系统、彩色光照系统的智能编程技术。（技术）

基于真实情境解决问题，学习与运用多学科知识，建立工程模型、搭建智能监控系统。（工程）

选择合适的方式进行数据记录；了解主要核心概念，光照、温度、湿度等环境条件对植物生长的影响，能够规范地、简洁明了地呈现实验及观察结论；计算铁皮石斛的基质种植投入费用，提出产生高效益的可行性方案；能通过绘制图表或文字叙述等解释智能控制系统的功能及工作原理。（数学）

2.学科技能

（1）科学探究与发现

能够结合所学的多学科知识，制订控制变量的探究计划，并使用合理的数据记录方法收集证据。

能够使用图表转化、分析、比较、推理等方法得出探究结论，并将科学探究数据应用于工程制作项目中，从而提高数据记录、数据分析、对比等研究能力。

（2）工程设计与制作

能够简单分析和评估不同方案的可行性，并根据研究需要选择不同材料与工具，自主分析设计作品。

能够学习图形化编程，并运用编程技术、滴灌技术进行装置结构设计，可以通过文字、绘图或模型等对装置外观与结构进行表达。

（3）数学建模与计算

能够监测分析智能系统中铁皮石斛生境的重要数据，分析变化趋势与原因，并能适时控制与应用。

掌握对称结构、立体结构及桁架结构等几何结构的运用。

（4）技术实践与应用

了解正确、安全地使用手工工具的方法，能够在搭建过程中进行简单的诊断、安装、调节和修理。

能够将智能控制铁皮石斛生境的智能系统由设计转化为实物。

3. 关键能力

（1）认知能力

在科学实验探究中记录数据，通过分析得出结论，养成良好的研究习惯，形成良好的科学探究品质，为终身学习奠定基础。

能够在解决问题的过程中有效进行跨学科知识运用，提出多种可能的解决方案，并对方案进行分析比较和创意物化。

（2）合作能力

能够合理分配工作任务，积极倾听与协商，解决实验与制作过程中的冲突，不断优化迭代作品。

（3）创新能力

能够结合活动中的经济效益、社会效益、环境效益等方面的评估，在工程设计中不断解决问题，培养创新和实践能力。

（4）职业能力

能够主动学习科学研究的前沿信息，分析与判断，并应用国内外的成功经验解决问题。

能够结合来自外界的评价和反馈，调整自己的行为方式及问题解决方法；乐于分享他人的成功经验；能结合表现对自我及他人作出合理的评价。

4.态度责任

（1）好奇

能够在活动中快速地被物联网控制系统的设计与实施激发起求知欲以及创新意识。

（2）批判性思维

能够在工程实践活动中对方案进行比较、分析，对作品应用的材料、实现的方式提出自己的看法，在讨论中相互问询，进行思想碰撞，不断改进提高。

（3）求真

能够在探究事物内在的本质时，用数据佐证观点，在观测中认真、严谨、科学地完成任务，并将测量铁皮石斛生境过程中获得的科学数据应用于实践中。

（4）社会责任

能够关注生活中的问题，学会用新技术、新方法解决问题，形成科技自强的情感。

能够基于工程实践，进行有效的科技创新，在活动中增强科技创新方面的价值认同感和机遇把握能力，培养责任感。

（四）学习主题活动安排

师生在互动下共同分析小组成员特征、需求及课程资源，根据知识在真实世界中的应用，增加小组成员学习迁移的机会，细致整理课程内容，去芜存菁，提高课程效率，以小组合作的方式展开活动（见表6-15）。

表 6-15　具体活动安排表

活动名称	活动内容	时间安排	预期成果形式
铁皮石斛种植	查阅资料了解铁皮石斛生境；走进石斛园进行科考；用不同基质种植铁皮石斛；观察记录效果。	2课时	考察笔记，种植成品
设计智能生境控制系统	用物联网开源主控、传感器及控制设备设计生控系统。	1课时	设计图
智能雾化系统设计与搭建	设计超声波雾化系统，根据铁皮石斛对空气湿度的要求编写程序；安装超声雾化系统并检测效果。	2课时	智能雾化系统成品
无人滴灌系统设计与搭建	设计土壤湿度系统，根据铁皮石斛对土壤湿度的要求，编写程序；安装滴灌系统并检测效果。	2课时	智能滴灌系统成品
智能光控系统设计与搭建	设计光控系统，根据铁皮石斛对光的要求编写程序；安装光控系统并检测效果。	2课时	智能光控系统成品
探究与优化智能生态	课后观察记录铁皮石斛生长情况，发现问题适当调整。	1年	观察记录表
展示与分享	撰写结题报告，制作展示板，小组在班级中分享活动过程。	1课时	报告、展板等

　　根据方案，设计相应的学习支架，主要包括四类：学习文献与视频资料、记录量表、学习工具材料以及表现性评价量表。在不同的学习环节中，帮助小组成员展开自主探索与学习。

（五）评价活动成绩评定

　　STEM教学模式强调以学生为主体，重视问题情境的创设，重视学生具体经验的获得，强调以跨学科整合及用合作的方式解决真实的问题。本课程评价内容见表6-16。

表6-16 评价内容表

评价内容	评价结果		
	自我评价	同学评价	老师评价
能清晰地知道铁皮石斛的种植生境，如空气湿度、温度及光照等，了解其种植方式。	优□ 良□ 中□	优□ 良□ 中□	优□ 良□ 中□
能在动手实践中使用工具及材料，科学种植铁皮石斛，并观察记录信息。	优□ 良□ 中□	优□ 良□ 中□	优□ 良□ 中□
能应用生物科学知识，提出符合设计原则且具有一定创造性、实践性强的方案，并能解释方案。	优□ 良□ 中□	优□ 良□ 中□	优□ 良□ 中□
能根据方案，运用智能硬件设备编写程序，制作智能无人滴灌作品，且该作品运行稳定、功能正常。	优□ 良□ 中□	优□ 良□ 中□	优□ 良□ 中□
能根据方案，运用智能硬件设备编写程序，制作智能超声波雾化作品，且该作品运行稳定、功能正常。	优□ 良□ 中□	优□ 良□ 中□	优□ 良□ 中□
能根据方案，运用智能硬件设备编写程序，制作智能远程遮光作品，且该作品运行稳定、功能正常。	优□ 良□ 中□	优□ 良□ 中□	优□ 良□ 中□
在后期观察中积极思考，能不断调测、优化功能，体现出批判质疑的精神。	优□ 良□ 中□	优□ 良□ 中□	优□ 良□ 中□
能关注项目体现的工程制作及科学体验，并与同学们分享。	优□ 良□ 中□	优□ 良□ 中□	优□ 良□ 中□
综合评价			

活动反思：

1. 在解决问题中，我遇到一些困难，下面是我列出的关键问题及关键词：

_____

2. 通过小组讨论我设计出了作品草图，我们的创意是_____

3. 活动实施的调测与优化过程中，我们采用了下面的方式去调测与优化项目，其关键点如下：_____

4. 我认为以下小组值得我学习：_____

二、项目实施案例

（一）项目概况

铁皮石斛不但具备较高的观赏性，在中医药学上还具备非常高的功效与作用。

本项目旨在通过研究植物种植生境，搭建智能化控制系统，实现自动化精准控制，从而提高产业效应；此外，解决外出无人浇水等实际问题，满足未来农业种植或家庭智能养殖需求。项目实施主要是通过实验，探究铁皮石斛的生境，获取相关数据，设计与搭建智能化控制系统，从而自动化精准控制土壤湿度、空气湿度、温度和光照强度，满足铁皮石斛的生长需求。

（二）案例实施过程

1. 情境导入，发现驱动问题

铁皮石斛的生长环境与常见花卉不同，很多人对其生长的温度、湿度、光照等要求不甚清晰。教师带领小组成员采用"概念－问题"的方式，应用思维导图将复杂项目拆解为种植、繁殖、智能搭建、费用成本等若干个概念，每个概念下形成许多具体驱动问题，以及一系列小任务。具体驱动问题见表6-17。

表 6-17　小组成员智能种植铁皮石斛问题库

学科	具体驱动问题	解决办法或任务
科学	如何选择种植基质？如何调节环境温度、空气湿度、通风效果、光照强弱及养分等因素？如何繁殖？如何记录生长情况并制作生长曲线？如何尽可能创造出适宜其生长的仿野外生长环境？其多糖含量会发生怎样的变化？是否要通过楼间距及居住地点进行光照强度计算，以判断该楼层是否需要设计光照控制系统？	文献研究、科学探究、考察访谈
数学	铁皮石斛种植的基质费用是多少？如何搭建智能种植工程系统结构模型？如何对实验中的数据进行分析，确定出确切的生长条件参数？搭建模型的费用是多少？如何建模预测种植区搭建成本约多少？	购买材料并计算成本、数据分析成效
技术	图形化编程、无人滴灌技术、超声波雾化等物联网技术能否支撑该项目？	学习编程技术
工程	如何运用铁皮石斛生境参数搭建与优化无人滴灌系统、超声波雾化系统、彩色人工补光系统、遮光系统？	设计与工程搭建

点评：在群体议事过程中需从多学科角度画出思维导图，建立"问题库"并产生相应的解决办法。本项目难点是小组成员通过科学探究，应用物联网控制系统，对铁皮石斛种植过程中的多种参数进行监测和控制，让铁皮石斛处于最佳生境，应在工程实施环节对工程的稳定性、可控制性等方面进行重点考虑。

2. 撰写方案，明确设计思路

根据工程实践项目开展流程初步明确了以下活动：第一，查阅文献并形成设计方案；第二，在参观考察中学习新技术，探究铁皮石斛的生境及繁殖技术，并在实践中获得相关参数；第三，在工程技术环节运用物联网控制系统对铁皮石斛种植生境进行监测和控制，让铁皮石斛处于最佳生境；第四，形成智能作品，对工程的稳定性、可控制性等方面进行重点考虑，在制作过程中不断调测优化；第五，评价作为一个系统工程，贯穿于实践活动的始终，采用评价支架，从多维度进行评价，不同的活动评价细则不同。活动流程见图6-46。

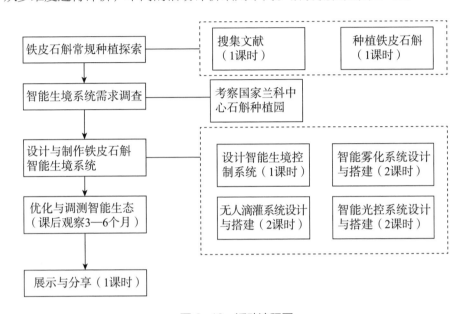

图 6-46　活动流程图

点评：STEM 项目多采用科学探究和工程设计等方式解决问题，方案策划涉及整个项目的系统化实施，其组织与编排呈现可以说是一件严谨规范的工作，它不是简单地将相关学科知识叠加起来。活动中指导学生进行五个学习活动：进入情境与提出问题活动、探究学习与数学应用活动、工程设计与技术制作活动、知识扩展与创意设计活动、多元评价与学习反思活动。

3. 科学探究

（1）铁皮石斛的种植与养护

① 了解铁皮石斛生长环境。通过查阅相关文献，了解铁皮石斛的生长条件；参观深圳国家兰科中心，实地考察铁皮石斛种植区，听专家介绍智能大棚种植

铁皮石斛的方法。

● 种植基质

由于铁皮石斛气生根和浅根的特质，一般仿照野生状态下铁皮石斛的生长环境，其生境对透气性要求比较高，可以用杉树皮、松树皮等作为栽培介质，也可选用疏松透气、排水性好的土壤，如颗粒泥炭、松树皮和碎石以 4 ∶ 4 ∶ 2 的比例混合配制成种植基质。

● 水肥管理

铁皮石斛喜湿润环境，但是也不能浇太多水，以免积水烂根。春秋每天浇水一次，夏季每天浇水两次，冬天可适当减少浇水。浇水应将整个植株喷湿，让植株充分吸收水分。湿度保持在 60%~90%。夏季炎热时，应经常在植株周围喷水，加强空气流通，以达到保湿散热的目的。

● 光照

铁皮石斛喜半阴环境，在春季和夏季光照较强时，需要遮光 60%~70%；在冬季休眠期，需要更多光照，应当遮光 20%~30%。

● 温度

铁皮石斛的生长适温在 15℃—30℃ 之间，不耐严寒，到了冬季最好能转移到室内或搭建大棚来进行保暖。

②了解铁皮石斛的繁殖与优势。铁皮石斛自然繁殖率极低，能用扦插苗繁殖，但目前市场上通常通过组织培养获得大量的铁皮石斛苗。

（2）探究铁皮石斛种植与扦插繁殖

① 情境导入。人们采用不同的基质种植铁皮石斛，不同基质对铁皮石斛的生长会产生不同的影响吗？在种植中如何有效施肥、保湿、遮光或补光呢？在智能生境控制下，采用扦插繁殖铁皮石斛，效果如何？

② 明确任务。通过对比不同基质的种植方法，对比观察自然条件与智能控制下铁皮石斛的生长情况，对比铁皮石斛扦插繁殖效果，进行实验设计，在实验中获得相关信息并分析。

③ 准备材料：颗粒泥炭、松树皮、碎石、水苔、杉树板、铁皮石斛苗、

铁皮石斛茎。

④ 设计实验。因为人工种植铁皮石斛需要利用尚未充分成熟的铁皮石斛种子（蒴果尚未开裂），将其严格消毒并在无菌的条件下植入培养基中，铁皮石斛自然繁殖率极低，所以我们不采用种子繁殖，而是采用扦插繁殖，就此设计了自然生境与智能控制两个种植区域，在两个区域中又进行了不同基质的种植实验，并设计观察量表，部分量表见表6-18。

表6-18　小组成员观察记录

| 编号 | 种植第一天 | 种植一周 | 种植两周 | 种植后两个月 | |
				种植后三个月	智能种植后三个月
第一组（取平均）	质量： 株高： 根部： 长势：				
第二组					
第三组					
第四组					

⑤ 实验探究。实验中，学生认真观察铁皮石斛生长情况，及时记录数据，通过图片、文字等方式进行描述记录。第一步浸泡。使用松树皮、杉树板当栽培介质，用水浸泡2天。第二步种植。第一组用颗粒泥炭、松树皮、碎石以4∶4∶2的比例混合种植于盆中；第二组以松树皮、水苔组合种植于盆中；第三组以吊栽为主将铁皮石斛种植在杉树板上。在铁皮石斛生长的温度、光照和湿度相同的条件下，对比不同种植基质对铁皮石斛的影响。

为了让花盆更透风，学生在塑料盆的四周打了许多小孔，还采用了筛子作为花盆种植。由于松树皮、杉树板不易吸附水分，因此学生用新水苔包裹铁皮石斛根部，然后用铁丝或棉线连同水苔及铁皮石斛根一块固定于板上，学生在实验中解决了如何选枝、如何促其生根发芽等问题（见图6-47）。

图6-47　小组成员在进行扦插繁殖

⑥ 收集实验数据。小组成员结合生物学实验分析的科学方法，对科学探究的结果进行科学解释，找到铁皮石斛生长的适宜条件。

用数据测量、图片、文字等方式，记录高度、根系及叶片情况，每两周后根据所记录的数据分析，对比种在不同基质中的石斛生长情况，总结出石斛种植方式。在安装智能生态控制系统后，可用表6-19所示的观察记录表持续观察（见图6-48）。

表6-19　铁皮石斛扦插与种植观察记录表

编号	观察日期：2020年6月7日　　温度：27℃　　湿度：90% 雨	
	自然环境下种植	智能环境下种植
第四组 （取平均）	茎长：10.0cm 茎色：淡绿、紫色斑明显 茎粗：0.4cm 叶量：8—9片、叶色绿翠 其他：长势良好	茎长：7.0cm 茎色：淡绿、紫色斑明显、长才鲜嫩 茎粗：0.4cm 叶量：8—9片、叶色绿 其他：长势良好
第五组	茎长：6.0cm 茎色：淡绿、紫斑 茎粗：0.4cm 叶量：8—9片、色绿 其他：长势良好	茎长：7.0cm 茎色：淡绿、紫斑 茎粗：0.4cm 叶量：8—9片、色绿翠绿厚实 其他：长势良好

图 6-48　记录扦插苗成长情况及开花情况

点评：STEM 项目不仅强化了科学原理、技术手段、工程设计和数学分析的思想，更加培养了学生的创造力和实践能力，通过引导学生有效设计科学观察量表这一学习支架，帮助他们更好地参与到学习活动中，并在后期能将其应用到实践中以获取相关参数，深刻感受到科学实践的实证性、严谨性。

⑦搭建智能系统。围绕项目，设计与制作一个能够测量土壤湿度、空气湿度、光照、温度的系统，并用自制的系统监测这些生态指标，了解铁皮石斛的生境。通过物联网自动控制实现监测与控制管理，解决自动控制的问题。

在设计与制作智能生境控制系统环节，学生用工程规划进度表（见图6-49）推进工程搭建进度。工程规划进度表包括拟解决的问题、解决办法、初步方案、设计草图、材料选择、制作模型、性能测试、优化迭代及时间进度等，以呈现时间进度条及在实施中发现的新问题及解决方法。

图 6-49　工程规划进度

> 点评：工程规划进度表主要呈现时间进度条及在实施中发现的新问题、解决方法及是否解决等，能够帮助学生有效进行工程的时间管理。

活动中，我们首先确定需解决什么问题、如何解决问题，然后基于自己的思考画出工程制作作品的设计图，并写出设计原理及作品预期功能等。根据铁皮石斛生境要求，明确重要参数。学习支架主要有"多点控制系统原理说明书"，学习支架可以帮助小组成员理解硬件层、软件层、应用层，小组成员还应用视频教学学习丝杆的应用、工程结构、物联网编程等相关技术。最后，小组成员开展了动手制作，完成原型，步骤如下。

步骤1：准备材料。

在学校创客空间找到MovaJoin主控器、土壤湿度传感器、空气温湿度传感器、光照传感器、LED阵列、PVC管等，随后在网上购买微型水泵、超声波雾化器。

步骤2：设计与安装智能生境控制系统。

首先，画出系统草图，搭建硬件。根据

图6-50　智能系统草图

系统设计思路及作品预期功能，画出如图6-51的系统草图，并根据草图，绘出图6-51系统连接图。

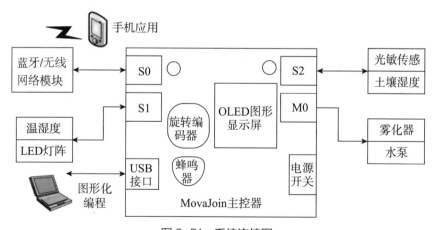

图6-51　系统连接图

其次，绘制程序框图并进行编程（见图 6-52）。实际编程时，用 Mixly 图形化编程软件实现土壤湿度读取和自动滴灌功能。

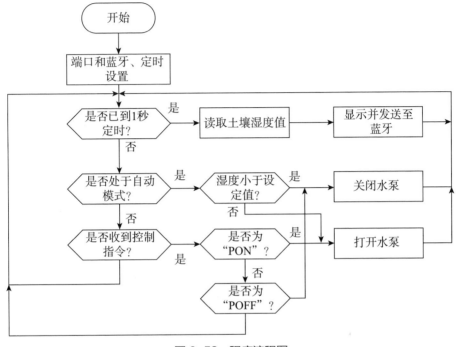

图 6-52　程序流程图

最后，通过 USB 数据线将电脑与 MovaJoin 主控器进行连接，编译后上传程序至 MovaJoin 主控器，以实现程序导入。

在搭建中适当考虑装置的外观、造型，以及所用材料的可获得性、成本费用，特别是铁皮石斛生境湿度较大，元器件应做好防水保护。

步骤 3：调测评估，优化改进。

制作模型时，根据铁皮石斛生境要求，明确重要参数。

（三）学生作品展示

搭建完成智能系统后，部分学生在家庭中进行了长期的实践与观察记录，得出了以下结论。

结论 1：三种种植方式，植物长势均比较良好，铁皮石斛的种植值得在城市家庭及农村家庭普及。三种种植方式中，杉树板效果最好，该方式下铁皮石斛根系发达长势旺盛，花多，可挂在阳台墙壁上，节约种植空间适合城市家庭种植；第二组用水苔与松树皮的效果也比较好，成本低，建议农村家庭采用这种方式种植；混合基质种植铁皮石斛长势良好。对比实验发现，铁皮石斛均生长良好，基本无明显区别。

结论 2：智能雾化效果良好，在夏天干燥季节可使铁皮石斛长期开放，用手机进行适当的监测，效果良好。

结论 3：智能滴灌效果良好，因为有雾化器，能长期保存湿度，在长期外出无人浇水时，可采用手机遥控，用物联网的方式浇水。春季铁皮石斛长势喜人，它的茎可用于煮汤，花多可赏，也能食用。

点评：本项目侧重于综合运用多学科知识解决真实问题，采用比传统教学更具参与性和探究性的方法，学生在合作探究中用多元的方式有创意地解决问题，提高了自身分析、推断和有效交流的能力。

（四）项目反思

1. 学生反思

学生 1：我们要应用科学探究中的实践数据，借鉴技术手段，改良与优化工程结构。先进的设施、先进的种植技术，让我们看到了现代农业的应用价值和经济效益，坚定了我学习生物农业技术的决心。

学生 2：在超声雾化的设计与实践中我发现，购买的超声波雾化器功率较小，以至于形成的雾化区域太小，无法投入民用，需要在未来的实践中加大超声波雾化器功率或将其改进成"管道雾化"，从而优化项目。

2.教师反思

工程是科学发现、技术发明与产业发展之间的桥梁，是社会进步与经济发展的推动力。本项目学生根据前期设计的图纸和工作进度要求，展开学习，在实际进度与计划进度出现偏差时，能及时寻找原因，并能够结合工程实际及时进行调整。项目也有需要拓展的地方，如铁皮石斛的多糖积累需要至少三年，在本课程中学生无法完成智能化种植铁皮石斛的多糖梯度测量，未来可进行持续研究。

（五）附件

附件一：物联网智能生态园系统
附件二：自动滴灌系统

参考文献

鲍东明，2016.关于西方课程领导理论发展趋向研究［J］.比较教育研究，38（2）：64-71.

巴克教育研究所，2008.项目学习教师指南：21世纪的中学教学法：第2版［M］.任伟，译.北京：教育科学出版社.

博斯，克劳斯，2020.PBL项目制学习［M］.来赟，译.北京：中国纺织出版社.

博斯，拉尔默，2020.项目式教学：为学生创造沉浸式学习体验［M］.北京：中国人民大学出版社.

车丽娜，2017.学科课程实施的型构[J].当代教育科学（4）：8-10.

陈尚宝，2020.基于3SE模型的中小学STEM教育探索［M］.桂林：广西师范大学出版社.

董晓波，詹娇娇，2019.做好教师角色转变，应对人工智能挑战［EB/OL］.（2019-04-18）［2020-04-10］.http：//www.cssn.cn/wx/wx_bwyc/202004/t20200410_5112020.shtml.

董泽华，2016.试论我国中小学实施STEM课程的困境与对策［J］.全球教育展望（12）：36-42，62.

杜威，2001.民主主义与教育［M］.2版.王承绪，译.北京：人民教育出版社.

高文，1998.建构主义学习的评价［J］.外国教育资料（2）：24-29.

关晶，2003.关键能力在英国职业教育中的演变［J］.外国教育研究（1）：32-35.

威金斯，麦克泰格，2017.追求理解的教学设计：第二版［M］.闫寒冰，宋雪莲，赖平，译.上海：华东师范大学出版社.

黄甫全，2002.课程与教学论［M］.北京：高等教育出版社：38.

靳玉乐，2006.校本课程开发的理念与策略［M］.成都：四川教育出版社.

李臣之，2004.校本课程开发评价：取向与实做［J］.课程·教材·教法（5）：19-24.

李臣之，2015.校本课程开发［M］.北京：北京师范大学出版社.

李臣之，潘洪建，2019.综合实践活动课程实施研究［M］.北京：中国社会科学出版社.

李晓东，赵群，2008.教育心理学［M］.北京：北京大学出版社.

李雁冰，2002.课程评价论［M］.上海：上海教育出版社.

刘兆瑞，2007.校本课程评价的实践与思考［J］.当代教育科学（19）：43.

柳夕浪，2002.教师参与教育研究：理念、方式与局限［J］.华东师范大学学报（教育科学版）（2）：42-48.

美国科学促进协会，2001.面向全体美国人的科学［M］.中国科学技术协会，译.北京：科学普及出版社.

美国科学教育标准制定委员会，2020.新一代科学教育标准：学科核心概念序列和主题序列［M］.叶兆宁，杨元魁，周建中，译.北京：中国科学技术出版社.

潘海燕，2016.自主生长式教师专业发展理论的突破与创新［J］.成才（12）：28-30.

潘洪建，李庶泉，等，2010.小学综合实践活动指导［M］.南京：江苏大学出版社.

秦瑾若，傅钢善，2017.STEM教育：基于真实问题情景的跨学科式教育［J］.中国电化教育（4）：67-74.

瞿葆奎，1989.教育评价［M］.北京：人民教育出版社.

斯宾塞，1997.斯宾塞教育论著选［M］.胡毅，王承绪，译.北京：人民教育出版社.

泰勒，1994.课程与教学的基本原理［M］.施良方，译.北京：人民教育出版社．

陶西平，2016.21世纪课程议程：背景、内涵与策略［J］.比较教育研究（2）：1-5.

田慧生，2017.中国STEM教育白皮书发布：提高学科的本质认知和科学素养［N］.中国教育报，2017-08-26（3）.

王素，2019.不忘初心，继续推进STEM教育深入发展［J］.现代教育（9）：1.

王素，李正福，2019.STEM教育这样做［M］.北京：教育科学出版社．

翁智蓉，2018.校企合作扬起企业助力学校STEM教育的风帆［J］.教育科学论坛（32）：62-65.

夏雪梅，2018.项目化学习设计：学习素养视角下的国际与本土实践［M］.北京：教育科学出版社．

徐朔，2006."关键能力"培养理念在德国的起源和发展［J］.外国教育研究（6）：66-69.

杨洋，2018.基于"6E设计教学模式"开发和验证STEM教育活动：以"帆车设计中的动力学与能量转化"为例［D］.北京：北京师范大学．

余胜泉，胡翔，2015.STEM教育理念与跨学科整合模式［J］.开放教育研究，21（4）：13-22.

曾婷，2017.STEAM教育的内涵、特征与实施路径［J］.教育现代化，4（33）：271-273.

张安义，2018.教师专业发展要"防衰缓老"［J］.山东教育（15）：63-64.

张丰，2020.STEM：深刻影响基础教育改革与发展的观念与实践：美国STEM教育考察报告［J］.上海教育科研（4）：5-11.

张华，2001.论"综合实践活动"课程的本质［J］.全球教育展望（8）：10-18.

张治，戚业国，2017.基于大数据的多源多维综合素质评价模型的构建［J］.中国电化教育（9）：69-77，97.

赵慧臣，2017. 美国北卡罗来纳州中学 STEM 学校的教学设计及其启示［J］. 中国电化教育（2）：47-54.

赵中建，2017. 美国中小学 STEM 教育研究［M］. 上海：上海科技教育出版社.

郑敏祥，2020. 中学开展 STEM 教育的有效途径：以《自制电动车》为例［J］. 求知导刊（47）：89-90.

钟启泉，1989. 现代课程论［M］. 上海：上海教育出版社.

朱慕菊，2002. 走进新课程：与课程实施者对话［M］. 北京：北京师范大学出版社.

AIRASIAN P W, 1999. Assessment in the classroom: a concise approach［M］.New York: McGraw-Hill Education.

ANDERSON L W, KRATHWOHL D R, 2001. A taxonomy for learning, teaching, and assessing: a revision of Bloom's taxonomy of educational objectives［M］. New York: Addison Wesley Longman.

BLOOM B S, 1956. Taxonomy of educational objectives: the classification of educational goals, handbook I: cognitive domain［M］. New York: Addison Wesley Longman.

DRAKE S M, 1998. Creating integrated curriculum: proven ways to increase student learning［M］. Thousand Oaks: Corwin Press.

LAPORTE J, SANDERS M, 1993. Integrating technology, science, and mathematics in the middle school［J］. The technology teacher, 52（6）：17-21.

SANDERS M, 2012. Integrative STEM education as best practice［J］.Explorations of best practice in technology, design, & engineering education（2）：103-117.

WIGGINS G, MCTIGHE J, 2005. Understanding by design［M］. 2nd ed. Alexandria: Association for supervision and curriculum development.

后 记

　　当今世界正处在科技高速变革的时代，新科技、新业态、新模式不断涌现。STEM 教育既有助于培养学生的科学探究、质疑与批判、解决问题等高阶思维，又有助于发展学生的统筹协调、团队合作等非智力因素，对培养创新人才发挥着重要作用，已成为全球教育关注的热点。STEM 教育也代表着课程组织方式的重大变革，发展 STEM 教育需要使科学、技术、工程、数学相互渗透、相互融合，培养学生举一反三、触类旁通、相互联系、综合应用的能力。STEM 课程开发是一项多学科创造性劳动，需要创新思维，利用工程设计方法，把相关课程中需要学生掌握的知识和方法集合成具体项目，通过核心问题解决的实践活动，让学生体验科学探究和工程设计的过程，培养创新精神和实践能力。在进行课程开发时，STEM 课程还需要与国家课程相结合、与拓展课程相交互、与学生生活实践相整合，要整合校内外资源、拓宽育人渠道，这对 STEM 课程设计开发与实施均提出了诸多新挑战。

　　您手上拿到的这本书，正是 STEM 一线教师在基于自身多年 STEM 课程开发与实施的基础上，对上述挑战的回应。本书是"中国 STEM 教育 2029 行动计划"丛书中的一册，作者团队主要由广东省的 STEM 教育专家和一线名师构成。本书目的在于为有志从事 STEM 教育研究与实践的学校教师、领导及基础教育从业者，提供理论方法指引和实践案例启迪。

　　本书规范了 STEM 课程建设框架，系统梳理了 STEM 课程建设的实质问题，从目标、内容、实施、评价四个课程要素展开阐述，并通过典型案例来为教师进行课程设计提供参考样本。全书共分为六章，首先是 STEM 课程建设总体概述，接下来分目标设计、内容开发、实施路径、评价探索四章阐述课程设计实施的操作要领，最后选取了本书作者亲自设计与实施（指导）的部分典型案例作为印证和对照。全书编写既考虑 STEM 教育理念的"渗透"，也考虑到一线教师实施 STEM 课程建设的实际困难，嵌套了很多鲜活的案例，以达到"共情"的效果。编者希望通过自身的实际经历降低老师们进行 STEM 课程设计的"门槛"，同时也帮助各位老师少走一些"弯路"，最终推动我国基础教育迈入高质量发展的新时代。

本书的编写是 STEM 教育实践经验的总结提炼和集体智慧的结晶。编者分别是：

黄志红：广东省教育研究院研究员

辛海洋：香港中文大学博士、深圳市可可乐博创始人

周嘉：广东实验中学教师、广东省名教师工作室主持人

姚毅锋：深圳市盐田区教科院副研究员

肖小亮：东莞市东莞中学初中部副校长、名教师工作室主持人

余丽：深圳市南山区华侨城中学教师、深圳市名师工作室主持人

罗东才：北京师范大学南山附属学校教师、深圳市名师工作室主持人

沈璐：广州博萃德学校中方执行校长、副教授

廖文：华南师范大学教师教育学部学校发展与领导科学系讲师，法学博士

郑敏祥：东莞市东莞中学松山湖学校教师、东莞市名师工作室主持人

张清泉：东莞市松山湖实验学校教师、省百千万名教师培养对象

牟博宸：广东省教育研究院助理研究员

具体分工为：沈璐、廖文、黄志红、牟博宸（第一章）；辛海洋、黄志红（第二章）；肖小亮、余丽、罗东才、黄志红（第三章）、周嘉、郑敏祥、姚毅锋、黄志红（第四章）；黄志红、辛海洋（第五章）；姚毅锋、郑敏祥、罗东才、张清泉、余丽（第六章）。全书由黄志红统稿。广州大学陈琛同学、山东师范大学黄璟同学协助编排了书稿。感谢以上各位同仁为本书编写奉献的教学智慧和实践经验。同时，也要特别感谢中国教育科学研究院王素主任，她对本书编写提出了许多宝贵意见建议，也正因为有王素老师的举荐，才有本书出版的可能。